JN420904

수학 원리 탐구의 ABC

초등학교 1&2학년

김민경 · 김형은 · 김혜원

KYOWOOSA 教友社

머리말

수학은 인류가 이 지구에 나타난 이후 함께 생존하며 발전한 역사의 중심에 있다고 해도 과언이 아니다. 수천 년의 시간 속에서 점차 고도로 형식화되고 추상화되어 가는 수학의 발전상은 인류뿐만 아니라 다른 학문에 적지 않은 영향을 주었다. 이렇게 고도로 발전한 수학은 지극히 추상적이고 함축적이어서 수학을 배우는 학습자의 수준에 적합한 교수-학습 환경이 요구된다. 그러므로 고도로 추상적인 학문인 수학을 제대로 이해하기 위해서는, 수학을 처음 접하는 시기에 올바른 방법으로 접근해야 한다. 즉, 수학을 어떻게 만나느냐에 따라 향후 수학에 대한 이해도 및 관심도가 달라진다는 것이다.

우리가 자라면서 받아온 대부분의 수학 교육은 원리를 탐구하고 수학자가 생각했던 과정을 함께 경험하기보다는 수십여 개의 문제를 풀면서 풀이 방식을 외우거나 반복 학습과 암기를 통해 문제의 유형을 익히는 식으로 이루어져 왔다. 물론 반복 연습이 중요하지 않은 것은 아니나 연습 이전에 수학적 경험을 통한 원리 발견과 생활 속 탐구가 학생들에게 얼마나 중요한 과정인지는 여러 선행연구의 결과가 보여주고 있다. 현재 교실 현장에서 이루어지고 있는 수학은 여러 차례의 개정 과정을 통해 많이 개선되었지만, 학생들에게 실제 자신이 속해 있는 생활 속에서 발견할 수 있는 문제와 아이디어를 제공하고 해결하는 기회를 주기에는 더 많은 개선이 절실한 상황이다.

이러한 현실적 상황을 개선하기 위하여 이 책은 학교 현장에서 실질적으로 사용할 수 있는 일상생활 속 체험활동의 아이디어와 그와 관련된 교수자료를 개발, 보급하기 위한 노력의 일환으로 탄생되었다. 예를 들어, 토끼의 번식, 바코드, 주변의 식물들, 박물관, 벌집 등과 같은 일상적인 사물과 주변의 자연 현상을 통해 그 안에 숨겨진 수학적 원리들을 탐구할 수 있는 기회를 제공하도록 하였다. 책에 나와 있는 내 생활 주변의 문제를 해결하면서 수학은 지루한 반복 학습이 아니라 일상생활에서 쉽게 만나고 탐구하며 그 속에 숨겨진 원리를 발견할 수 있는 재미있는 활동이라는 것을 체험할 수 있도록 노력하였다. 누구나 한 번쯤은 화장실에 앉아서 무심코 타일의 무늬와 색깔을 따라 가 본 적이 있을 것이다. 그러나 그 단순한 타일의 무늬 속에도 수학적 원리가 있다는 것을 아는 사람은 몇이나 될까? 그리고 그 원리를 통해 유명한 화가 '에셔'의 그림이 탄생되었다면? 즉, 화장실의 타일과 '에셔'의 그림은 별반 다를 바가 없다는 것이다.

저서의 내용을 하나하나 구성하는 과정에서 교육과정을 충실히 따르면서 학생들에게 재미있는 원리 탐구 학습의 개발이라는 두 가지 문제를 해결하기 위해 다음과 같은 순서로 구성하였다. 우선, Part I. **수학 원리 탐구의 이론적 고찰**에서는 현실적인 수학 교육(Realistic Mathematics Education) 및 수학적 모델링의 이론을 고찰함으로써 수학적 원리 탐구의 중요성과 수학과 수업모형을 논하였다. Part II. **수학 원리 탐구 프로그램의 개발**에서는 전체적인 프로그램의 개요 및 이 책의 활용 방법을 소개하였다. 또한 각 학년에서의 프로그램 구성 개요와 함께 실제를 소개하였다. 1. 탐구 활동의 개요를 통해 단원의 대략적인 내용을 보여주고, 2. 교육과정 분석을 통해 교과서의 어느 영역에 속하는지를 나타내어 현재 교과서의 흐름 속에서 이해할 수 있다. 3. 탐구활동 전개 계획은 학생들이 일상생활에서 직접 경험할 수 있는 것들을 위주로 다양한 활동을 제시하였고, 4. 탐구활동의 실제에서는 실제 교실에서 교사들이 사용할 수 있는 차시별 지도안을 담았다. 마지막으로 Part III. **수학 원리 탐구 프로그램 활동지**는 즉석에서 교사가 복사하여 활용할 수 있도록 흥미로운 원리 탐구 활동을 담아 놓았다.

본 저서는 2008년도 한국과학문화재단의 과학문화활동지원사업 지원을 받아 수행된 연구 결과의 일부임을 밝힌다. 본 저서는 현장에서 바쁘게 뛰고 있는 교사들이 손쉽게 교실에서 원리 탐구 활동을 활용할 수 있을 것으로 기대되며, 교실 속 수학을 주변의 사물과 자연으로 확장시켜 수학을 기초로 하는 창의적 사고를 증진시키는 기회가 되었으면 한다. 이를 위해 출판을 기꺼이 수락하신 교우사 오판근 사장님과 안창웅 부장님 외 모든 분들께 심심한 감사를 드린다.

2009년 12월 24일

저자 일동

차 례

Part I 수학 원리 탐구의 이론적 고찰 / 1

Part II 수학 원리 탐구 프로그램의 개발 / 13

Part I

수학 원리 탐구의 이론적 고찰

21세기 현대 사회는 지식 · 정보화 사회로 단편적인 지식을 단순히 암기하고 재생하는 학습에서 벗어나 고차원적인 수학적 사고력과 문제 해결 능력 및 창의력 등을 향상시킬 수 있는 학습이 요구된다. 이러한 시대요구에 따라 우리나라 학교수학은 수학적으로 사고하고 의사소통하며, 수학에 대한 관심과 흥미를 가지고, 수학의 가치를 이해하며, 수학에 대한 긍정적 태도를 기르는 것을 목표로 하고 있다(교육과학기술부, 2009). 특히, 초등학교의 경우 구체적 조작 활동과 학습자의 현실 및 흥미의 반영에 기초하여 아동의 발달 단계에 적절한 형태로 수학 학습이 이루어지도록 요구되고 있다.

이에 학생들이 자신의 주변 생활을 관찰함으로써 일상생활에 스며들어 있는 여러 가지 수학적 원리들을 찾아내고, 탐구할 수 있는 초등 수학에서의 수학 원리 탐구 방안을 모색하고자 한다.

Chapter 1 RME (Realistic Mathematics Education)

현실적인 수학 교육(RME)은, 수학을 인간의 활동으로 파악하는 프로이덴탈(Freudenthal, 1973)의 수학관에 그 뿌리를 두고 있는 것으로, 그 핵심 원리는 첫째, 안내된 재발명(guided reinvention)과 점진적 수학화(progressive mathematization), 둘째, 교수학적 현상학(didactical phenomenology), 셋째, 자기-개발 모델(self-developed model)이다. 재발명 원리에 따르면, 수학이 발명되던 과정과 유사한 과정을 학생들이 경험할 수 있도록 그들에게 기회를 주어야만 한다. 이 때, 수학의 역사는 학생들이 이수하는 코스의 설계를 위한 원천으로 사용될 수 있다. 비형식적인 전략은 형식적인 절차를 만들기 위한 유사한 풀이 절차를 수학화하는 것이 바로 재발명 과정을 위한 기회를 제공하는 것이다.

교수학적 현상학에 따르면, 주어진 수학적 토픽이 적용되는 상황이 두 가지 이유에서 탐색되어야만 한다. 첫째는 수업에서 교사가 기대하는 적용이 어떤 종류의 것인지를 분명히 하기 위해, 그리고 둘째는 점진적 수학화의 과정을 위한 충격점(point of impact)으로서의 적절성을 고려하기 위해서이다. 수학이 실제적인 문제를 해결하는 것으로부터 진화되어 왔다고 생각한다면, 오늘날의 수학 수업에서 그러한 진화과정을 야기하는 문제를 찾아야 한다고 생각하는 것이 합리적일 것이다. 그런 다음, 형식적 수학이 상황-특수한(situation-specific) 문제 해결 절차와 여러 가지 상황에 대한 개념을 일반화하고 형식화하는 과정에서 생겨나게 된다고 상상할 수 있다. 이러한 입장에서 보면, 현상학적 탐색의 목표는 상황-특유적인 접근 방법이 일반화될 수 있는 문제 상황을 찾는 것이고, 또 수직적 수학화의 토대로 간주될 수 있는 패러다임적 풀이 절차를 유도하는 상황을 발견하는 것이라 할 수 있다. 이러한 발견은 학습자 스스로에게 발견할 수 있는 경험의 기회가 주어져야 하며 이러한 점에서 체험 학습은 교수학적 효과를 기대할 수 있는 매력적인 교육환경의 제공이라고 할 수 있다.

Chapter 2 수학적 모델링 (Mathematical Modeling)

수학 교육에서 문제 해결력이 강조됨에 따라 학생들의 문제 해결 능력 향상에 관한 연구가 많은 관심을 얻고 있었으며, 이를 위한 여러 가지 방법들이 연구되어 왔다. 최근 들어 이들 중 한 가지로 '수학적 모델링'이 연구되고 있다. 수학적 모델링은 실생활 상황에서의 구조화되지 않은 문제에 수학을 적용하도록 함으로써(Zbiek, 1998) 비구조화된 현실 세계의 문제에 수학을 응용하여 해결하는 것을 말하는데(Galbraith & Clatworthy, 1990), 본 장에서는 김민경·홍지연·김은경(2009)의 연구를 바탕으로 하여 우리나라 초등 수학에서의 수학적 모델링 지도 방안에 대하여 정리하였다.

1) 모델과 수학적 모델

일반적으로 '모델'이란 어떤 대상의 크기를 줄여서 만든 물리적 복제품을 말하는 것으로서, 어떤 복잡한 체계의 행위에 대해 기술하고, 뜻을 이해하며, 설명하거나 예상하는데 사용된다. 모델들은 어떤 구체적 상황에서 특정한 목적을 달성하기 위해 개발되며, 학습과 문제 해결 상황이 처해있는 형태와 관련이 있다(English, 2003; Greeno, 1991; Lesh & Lehrer, 2003). 모델은 요소, 요소 사이의 관계, 요소들이 어떻게 상호작용 하는지를 기술하는 연산, 요소 사이의 관계와 연산에 적용되는 대칭, 교환, 변환과 같은 패턴 및 규칙으로 구성된 체계이며(Lesh & Doerr, 2000), 어떤 다른 유사한 체계의 행위를 묘사하거나 설명하거나 혹은 예측하는 데 사용될 수 있는 요소, 작동, 관계 및 규칙의 체계이다(Doerr & English, 2003).

수학적 모델은 실세계 상황의 측면을 나타내기 위해 선택된 하나 이상의 수학적 실재

(존재)와 그것들 사이의 관계의 조합으로서(Niss, 1989), 어떤 현상에 내재된 특성을 유사하게 가지면서 함수 또는 방정식처럼 수학적 개념을 활용하여 만들어낸 수학적 구조를 말한다(Edward & Hamson, 1989). 이러한 수학적 모델에 대하여 NCTM(2000)은 복잡한 현실 상황에서 구성 요소와 관계를 수학적으로 표현한 것으로 보고, 학생들은 다양한 범주의 실제적인 현상을 해석하고 분석하며 문제를 해결하기 위하여 이러한 수학적 모델을 사용할 수 있다고 언급하고 있다.

2) 수학적 모델링

(1) 초등 수학에서의 수학적 모델링 과정

초등학교 학생을 대상으로 한 여러 가지 수학적 모델링 사례들을 살펴보면, 이들은 중·고등학교 학생을 대상으로 한 사례들의 경우와는 달리 제시되는 문제 상황 및 수학적 사고 및 추론 과정이 중등의 경우에 비해 비교적 덜 복잡하며, 모델링 과정에서도 형식적이고 추상적인 수학적 모델보다는 실세계의 상황들을 단순화하고 형식화·추상화해가는 활동 과정 자체가 강조되고 있음을 볼 수 있다. 이들 연구에서는 공통적으로 문제 상황을 관찰하고, 문제 상황에 적절한 모델을 개발하여 그 모델에서 수학적 결론을 찾아낸 후 개발된 모델과 수학적 결론을 다른 상황에 적용함으로써 또 다른 실생활 문제를 해결해 나가는 큰 흐름을 찾을 수 있는데, 이러한 흐름은 우리나라 초등 수학 교육 현장을 고려함으로써 다음의 〈그림 I-1〉과 같은 수학적 모델링 과정으로 제시될 수 있다(김민경·홍지연·김은경, 2009).

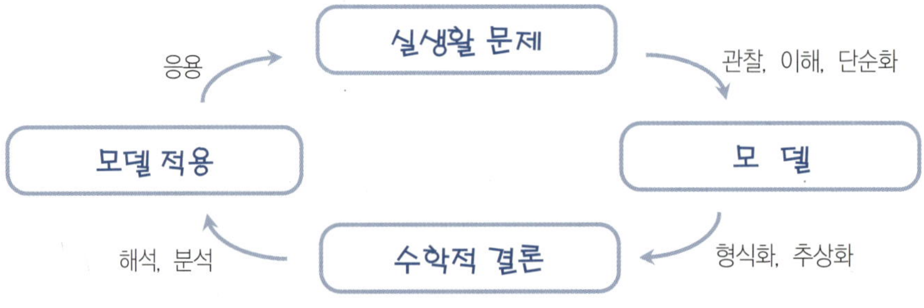

〈그림 I-1〉 초등 수학에서의 수학적 모델링 과정 (김민경·홍지연·김은경, 2009)

〈그림 I-1〉에 제시된 수학적 모델링 과정은 실생활 문제로부터 시작되어 다시 실생활 문제로 되돌아오는 순환과정으로서, 제시된 수학적 모델링 과정의 각 단계를 구체적으로 살펴보면, 우선 첫 번째 단계인 [실생활 문제] 단계는 준비활동을 하는 단계로서 현실 생활의 문제가 제시됨으로써 학생들로 하여금 실생활 문제 상황에 노출되도록 하여 문제 상황에 직면하도록 하는 단계이다.

[모델] 단계인 두 번째 단계는 모델유도활동을 하게 되는 단계로서 이 단계에서 학생들은 제시된 현실의 문제 상황을 자세히 관찰함으로써 문제 상황을 이해하는 동시에, 문제 상황을 단순화함으로써 자신들이 해결해야 할 문제 상황에 적절한 모델을 유도하고 개발하게 된다.

세 번째 [수학적 결론] 단계는 모델탐색활동을 하는 단계로서 학생들로 하여금 자신들이 이전 단계에서 유도하고 개발했던 모델을 탐색하여 형식화하고 추상화함으로써 수학적 결론을 이끌어내도록 한다.

네 번째 단계인 [모델 적용] 단계는 모델적용활동을 하는 단계로서 이 단계에서 학생들은 앞선 단계에서 얻어진 수학적 결론을 해석·분석함으로써 유사한 상황에 자신들의 모델과 모델에 포함된 수학적 결론을 적용하게 되며, 나아가 자신들이 개발했던 모델들을 응용함으로써 여러 가지 모델들을 새로운 실생활 문제 상황에 재활용·일반화하게 된다.

이처럼 학생들은 [실생활 문제]–[모델]–[수학적 결론]–[모델 적용]의 과정을 거치는 동안 준비활동과 모델유도활동, 모델탐색활동, 모델적용활동을 함으로써 현실 상황의 문제에 포함된 수학적 개념이나 원리·법칙을 모델을 통하여 발견하고, 이를 다시 다른 문제 상황에 적용함으로써 하나의 문제를 해결하게 된다.

(2) 수학적 모델링의 수업 적용 절차

위와 같은 수학적 모델링의 과정을 초등 수학 수업과 관련지어 수학적 모델링의 수업 적용 절차를 생각해볼 수 있는데 이를 구체적으로 살펴보면, 다음의 〈그림 I-2〉와 같다.

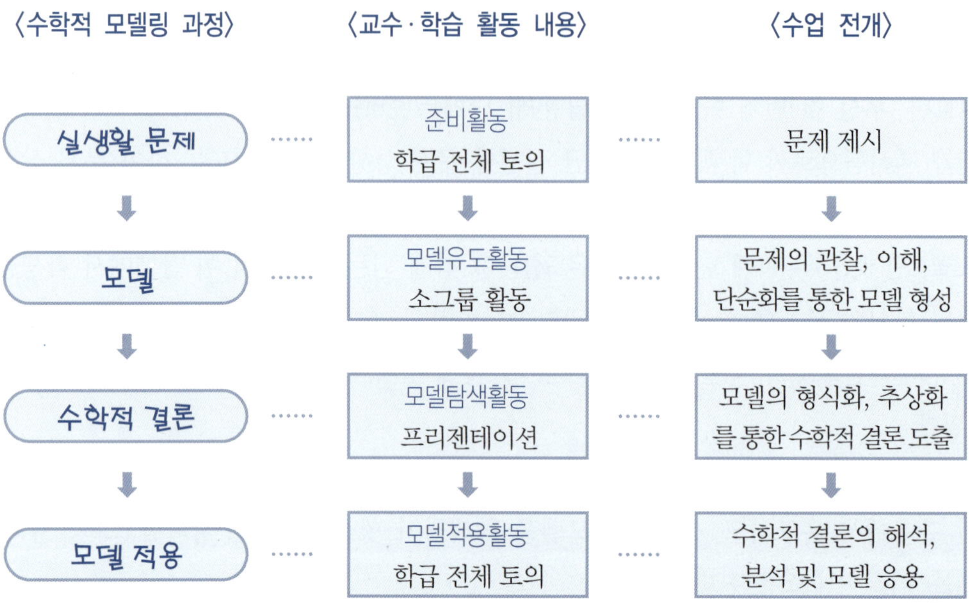

〈그림 I-2〉 수학적 모델링의 수업 적용 절차 (김민경·홍지연·김은경, 2009)

초등 수학 교육 현장에서 수학적 모델링의 적용을 생각해보면, 초등 수학 수업에서는 우선 수학적 모델링의 첫 번째 단계에서 준비활동으로 **학급 전체 토의**를 할 수 있는데, 이 때 실생활 문제가 제시되고, 제시된 문제를 학급 전체가 공유함으로써 학생들은 해결해야 할 문제 상황을 접하고 문제 상황에 직면하게 되며, 학급 전체가 토의를 통하여 문제 상황 전반에 대하여 학급 전체가 이야기를 나누면서 문제 상황에 나타난 정보들을 파악하게 된다. 이후 두 번째 단계에서는 학생들이 **소그룹 활동**을 통해 문제 상황을 관찰하고, 문제를 자세하고 구체적으로 이해하며, 문제 상황을 단순화함으로써 주어진 문제 해결에 적합한 모델을 개발·형성하는 모델유도활동을 하게 된다.

학생들에 의해 모델이 형성된 후, 수학적 모델링의 세 번째 단계에서 학생들은 개발된 모델에 대한 **프리젠테이션**을 통하여 모델을 탐색하고 그것을 추상화·형식화함으로써 수학적 결론을 도출하는 모델탐색활동을 하게 된다. 이후 마지막 단계에서 학생들은 **학급 전체 토의**를 통하여 모델적용활동을 하게 되는데, 학생들은 이전 단계에서 도출된 수학적 결론을 해석하고 분석하여 새로운 문제 상황에 응용하여 모델을 재활용함으로써 모델 적용 과정을 거치게 된다.

Chapter 3 수학 교육에서 원리 탐구의 역할

수학 교육이 추구하고 있는 궁극적 목표가 단순 지식의 암기 및 재생을 통한 학습보다는 고차원적인 사고력, 추리력 및 창의력을 증진시키는 것으로 변화됨에 따라, 역사적으로 수학의 여러 가지 원리가 발견되어 온 과정, 즉 수학자가 생각했던 과정을 학생들이 경험해 보고, 이러한 수학적 경험을 통하여 수학적 원리를 발견하고 일상생활 속에 담겨진 수학의 원리를 탐구해 보는 활동에 대한 중요성이 점차 부각되고 강조되고 있다.

이러한 시대적 흐름 및 동향에 따라 수학과 교육과정은 학생들이 수학 학습에 활동적으로 참여해야 의미 있는 학습이 이뤄진다고 강조하고 있다. '듣기만 한 것은 잊어버리고, 본 것은 기억되지만, 해 본 것은 이해할 수 있다.' 학생 스스로 자신의 수학적 의미를 구성하는 데에 초석이 되는 활동적인 참여의 중요성을 나타내고 있다. 수학과의 수업모형은 다양한데 그 중 원리 탐구 수업 모형이 연구의 목적과 가장 밀접한 연관성을 지니고 있다.

원리 탐구 학습은 수학적인 원리, 법칙, 성질, 공식 등의 문장 수준의 학습이다. 이미 알고 있는 학습 내용을 바탕으로 한 직관적 사고로 결과를 먼저 예상하고 추론 활동을 통한 논리적 사고로 결과를 검증한다. 원리 탐구 수업 모형은 경험활동에서 얻은 정보를 체계화한다고 볼 수 있다. 여기서 교사는 필요한 질문을 던지고 자료의 중요한 부분을 암시적으로 강조함으로써 아동의 개념 형성 과정을 촉진할 수 있다. 교사의 도움을 많이 받기는 해도 원리 탐구 수업의 핵심은 교실의 아동들이 구체적인 자료를 가지고 활동에 적극 참여하여 개념을 형성하는 것이라고 할 수 있다.

본 학습의 성공 여부는 무엇보다 교사의 사전 준비를 통한 계획에 좌우된다고 할 수 있다. 교사는 원리 탐구 학습 활동에 공헌할 수 있는 지도 목표를 마련하여야 하며, 그에 따라 선택된 내용에서 자료를 추출할 수 있어야 한다. 자료는 아동들이 효과를 얻고 일반화하는 기본적 도구이기 때문에 적절한 자료 추출 능력은 매우 중요한 것이다.

원리 탐구 학습의 목표는 첫째, 개념 또는 일반화를 지도하는 지도내용에 대한 목표, 둘째, 아동들에게 관찰하고 추리하는 등의 탐구과정 기술을 습득하도록 하는 목표, 셋째, 아동들에게 수학의 특성을 이해시키는 목표로서 이와 같은 목표는 아동들에게 주어진 자료에서 일정한 형식을 찾기 위하여 분석하고 비교하여 유용한 개념이나 일반화를 유도하는 것으로 과정 훈련과 더불어 개념 형성을 강조하고 있다.

교사는 학습 목표에 대한 충분한 사전 교재 연구와 아동의 활동에 대한 충분한 고려를 통하여 자료를 적절하게 투입함으로써 아동의 일반화에 대한 습득 방법과 특성을 이해할 수 있는 것이다. 이 모형을 적절히 이용하면 수학 원리를 자세히 학습하고 종합 정리하는 능력과 다각적인 문제 해결 능력을 기를 수 있고 사실에 접근하고 법칙성과 원리를 스스로 찾아내는 능력을 기를 수 있다.

Chapter 4 수학과 수업 모형

수학과 교육과정에서는 수학과 교수-학습을 위한 수업모형으로 개념 형성 수업 모형, 원리 탐구 수업 모형, 문제 해결 수업 모형 등이 소개되고 있다(교육과학기술부, 2009).

본 책에서는 탐구 주제별 탐구 활동에 따라 이들 모형들 중 수학과 원리 탐구 학습에 적절한 수업 모형이 선택·적용되었다.

1) 개념 형성 수업 모형

개념이란 다양한 사실이나 현상들을 공통 성질에 따라 범주화한 것이라고 할 수 있다. 스캠프(Skemp, 1989)는 개념을 공통 성질에 대한 상징적 표현으로서 규정하면서 개념을 형성하는 대표적인 조작으로 분류와 추상화를 제안하였다. 분류는 공통 성질에 근거한 다양한 사실들을 수집하는 활동이며, 추상화는 공통 성질을 명확하게 인식하는 활동이다. 따라서 개념을 형성한다는 것은 다루고자 하는 대상들을 분류하고 공통 성질을 추상화하는 정신 작용이라고 할 수 있다.

또한 스캠프는 학생들에게 수학적 개념에 대한 범례를 제시할 때는 주어진 개념의 속성이 포함된 정례(example)와 그렇지 않은 비례(non-example)를 적절하게 혼합하여 제시하는 것이 효과적이라고 주장하였다.

수학과의 개념 형성 모형은 대체로 다음과 같은 절차로 진행할 수 있다(교육과학기술부, 2009).

단계	교수·학습 활동
범례 제시	• 개념의 정의에 필요한 범례(정례와 비례)를 제시한다.
범례 분류하기	• 조작, 관찰 등에 의해 범례를 여러 가지 속성에 따라 분류한다. • 분류된 예들의 공통 성질을 암묵적으로 생각한다.
공통의 성질 추상화하기	• 분류된 예들의 공통된 성질을 명확하게 설명한다. • 분류된 예들의 공통 성질을 추상화한다.
개념 정의하기	• 추상화한 공통 성질을 활용하여 수학적인 용어와 기호로 개념을 정의한다.
개념의 속성 조사하기	• 정의한 개념의 결정적 속성과 비결정적 속성을 조사한다.
개념 익히기	• 개념을 익히고 새로운 상황에 개념을 적용한다.

2) 원리 탐구 수업 모형

수학적 원리의 이해를 위해서는 개념적 지식이 체계적으로 형성되어야 하며, 절차적 지식은 수학적 원리의 이해가 뒷받침될 때에 더욱 의미가 충실한 지식이 된다.

수학과의 원리 탐구 수업 모형은 대체로 다음과 같은 절차로 진행할 수 있다(교육과학기술부, 2009).

단계	교수·학습 활동
새로운 문제 상황 제시	• 새로운 문제 상황을 제시함으로써 학생들의 인지적 갈등 상황을 유도한다.
수학적 원리의 필요성 인식	• 이전에 습득한 지식을 활용하여 문제 해결 방법을 탐색함으로써 일반적인 수학적 원리의 필요성을 인식한다.
수학적 원리가 내재된 조작 활동	• 학습해야 할 수학적 원리가 내재되어 있는 조작 활동을 한다.
수학적 원리의 형식화	• 수학적 원리를 형식화한다.
익히기 및 적용하기	• 형식화한 수학적 원리를 익히고 적용한다.

3) 문제 해결 수업 모형

문제 해결은 문제를 해결하는 과정에서 기초적인 수학적 지식이나 기능을 보다 확실히 이해할 수 있으며, 의사소통 능력, 비판적 사고 능력, 창의적 사고 능력 등과 같은 고등 정신능력을 신장할 수 있다는 데에 그 의미가 있다. 또한 문제 해결을 통해 지식의 단순 암기와 단순 적용, 알고리즘의 반복 연습에서 탈피하여 수학을 진정으로 행하는 활동을 경험할 수 있다.

폴리아(Polya, 1957)는 수학적 문제 해결의 과정을 문제의 이해, 해결 계획의 수립, 해결 계획의 실행, 반성의 네 단계로 나누고 각 단계에서의 효과적인 사고를 위한 발문과 권고를 제시하였다. 이에 수학과의 문제 해결 수업 모형은 폴리아의 문제 해결 단계를 따라 문제 이해 → 해결 계획 세우기 → 해결 계획의 실행 → 반성으로 진행할 수 있다(교육과학기술부, 2009).

단계	교수·학습 활동
문제의 이해	• 문제에서 구하려는 것과 주어진 것, 조건을 확인한다. • 문제에 제시된 수학적 용어의 의미를 파악한다.
해결 계획	• 해결 계획을 수립한다. • 문제에서 주어진 것과 구하려는 것 사이의 관계를 파악한다. • 여러 가지 문제 해결 전략을 생각해본다.
계획 실행	• 수립된 계획을 실행하여 문제를 해결한다.
반성	• 문제 해결 과정을 검토하고 문제 해결 과정과 결과를 논의하여 더 나은 문제 해결 방법을 탐색한다. • 결과를 점검하고, 다른 문제 해결 방법을 찾아본다. • 조건을 변경하여 새로운 문제를 만들어본다.

Part Ⅱ

수학 원리 탐구 프로그램의 실제

Chapter 1 수학 원리 탐구 프로그램의 개요

1 이 책의 활용 방법

수학 원리 탐구의 구성은 각 학년별로 2개 또는 3개의 탐구 주제로 이루어져 있으며, 각 주제별로 1~4개의 탐구 활동이 포함되어 있다. 본 책은 각 주제별로 교육과정 분석이 제시되어 있어 각각의 체험 활동을 지도할 때 교육과정과 연계할 수 있도록 안내하고 있다. 또한 각 탐구 활동의 전개 계획을 제시하여 주제별로 어떠한 활동이 이루어지는지 한 눈에 쉽게 살펴볼 수 있도록 구성하였다.

원리 탐구 수업을 지도할 수 있도록 모든 탐구 활동마다 교사용 지도안과 활동지가 제시되어 있다. 또한 활동지를 쉽게 복사하여 활용할 수 있도록 활동지를 따로 모아 새로운 파트에 제시하고 있다.

교사용 지도안과 활동지에는 각 학년-탐구 주제-탐구 활동 순으로 번호가 매겨져 있어 각 활동과 활동지를 더욱 쉽게 찾을 수 있도록 하였다[예시: 1학년– 2) 하나 둘 셋 (1) 3까지만 셀 수 있는 원시인→ 1–2)–(1)]. 교사용 지도안은 교수학습 모형에 따라 원리 탐구 단계를 나누어 지도할 수 있도록 하였고, '이렇게 지도하세요'란에서 지도 방법을 보다 자세히 안내하였다.

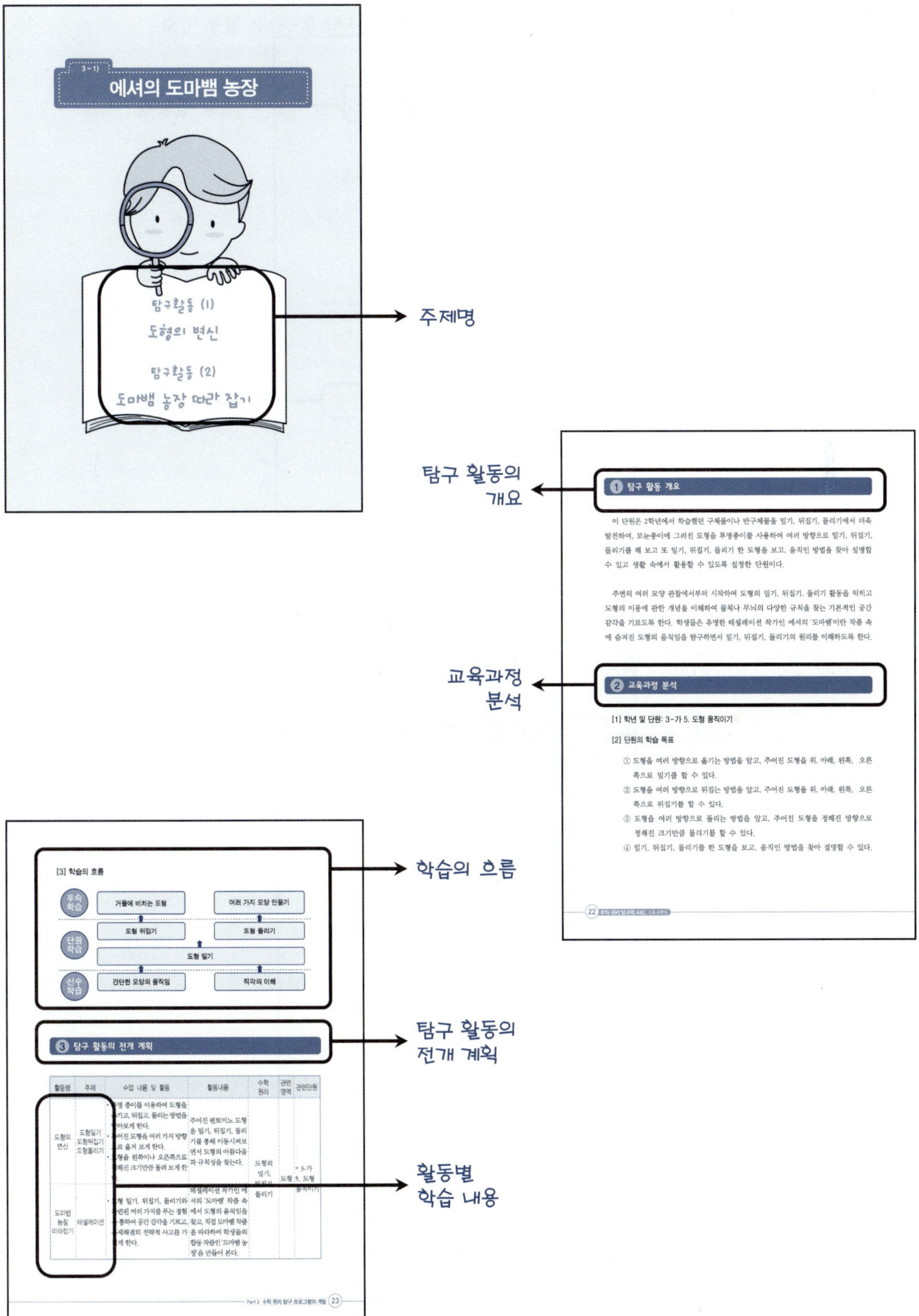

3-1)
에셔의 도마뱀 농장
탐구활동 (1)
도형의 변신
탐구활동 (2)
도마뱀 농장 따라 잡기
주제명
탐구 활동의 개요
① 탐구 활동 개요
이 단원은 2학년에서 학습했던 구체물이나 반구체물을 밀기, 뒤집기, 돌리기에서 더욱 발전하여, 모눈종이에 그려진 도형을 투명종이를 사용하여 여러 방향으로 밀기, 뒤집기, 돌리기를 해 보고 또 밀기, 뒤집기, 돌리기 한 도형을 보고, 움직인 방법을 찾아 설명할 수 있고 생활 속에서 활용할 수 있도록 설정한 단원이다.
주변의 여러 모양 관찰에서부터 시작하여 도형의 밀기, 뒤집기, 돌리기 활동을 익히고 도형의 이동에 관한 개념을 이해하여 물체나 무늬의 다양한 규칙을 찾는 기본적인 공간 감각을 기르도록 한다. 학생들은 유명한 테셀레이션 작가인 에셔의 '도마뱀'이란 작품 속에 숨겨진 도형의 움직임을 탐구하면서 밀기, 뒤집기, 돌리기의 원리를 이해하도록 한다.
교육과정 분석
② 교육과정 분석
[1] 학년 및 단원: 3-가 5. 도형 움직이기
[2] 단원의 학습 목표
① 도형을 여러 방향으로 옮기는 방법을 알고, 주어진 도형을 위, 아래, 왼쪽, 오른쪽으로 밀기를 할 수 있다.
② 도형을 여러 방향으로 뒤집는 방법을 알고, 주어진 도형을 위, 아래, 왼쪽, 오른쪽으로 뒤집기를 할 수 있다.
③ 도형을 여러 방향으로 돌리는 방법을 알고, 주어진 도형을 정해진 방향으로 정해진 크기만큼 돌리기를 할 수 있다.
④ 밀기, 뒤집기, 돌리기를 한 도형을 보고, 움직인 방법을 찾아 설명할 수 있다.
22
[3] 학습의 흐름
후속 학습
거울에 비치는 도형
여러 가지 모양 만들기
단원 학습
도형 뒤집기
도형 돌리기
도형 밀기
선수 학습
간단한 모양의 움직임
직각의 이해
학습의 흐름
③ 탐구 활동의 전개 계획
탐구 활동의 전개 계획
활동명
주제
수업 내용 및 활동
활동내용
수학 원리
관련 영역
관련단원
도형의 변신
도형밀기
도형뒤집기
도형돌리기
도마뱀 농장 따라잡기
테셀레이션
도형
활동별 학습 내용
Part 2 수학 원리 탐구 프로그램의 개발
23

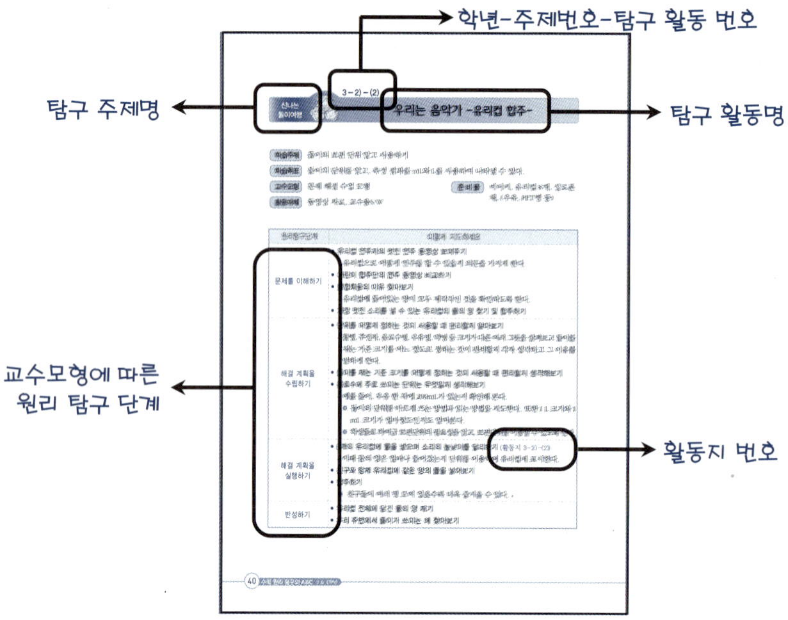

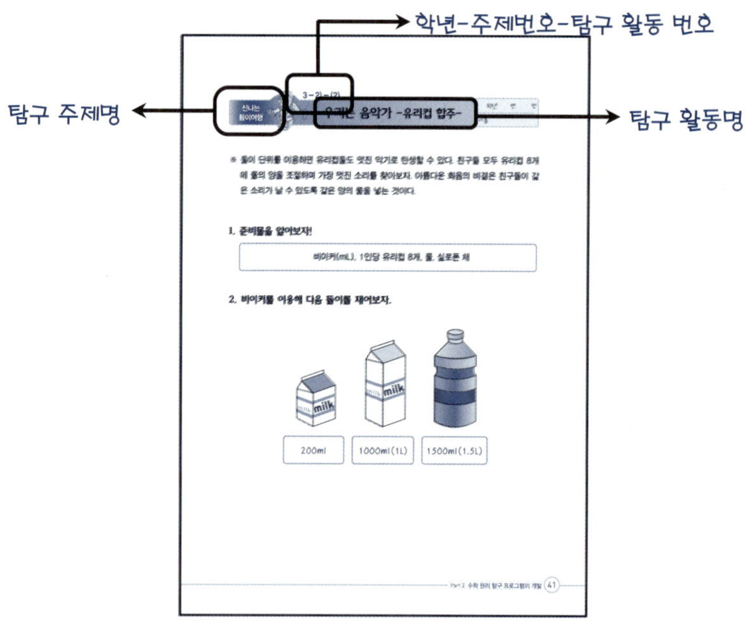

※ 부분 지도시 유의점

☞ 부분 수학적 개념 및 원리

2 1~2학년 수학 원리 탐구 프로그램 구성

학년	탐구 주제	탐구 활동	수학 원리	관련 영역
1	1) 있다?! 없다?!	(1) 있다?! 없다?!	−0의 의미	수와 연산
	2) 하나, 둘, 셋	(1) 3까지만 셀 수 있는 원시인	−10의 보수	수와 연산
		(2) 열 손가락의 비밀		
	3) 나는 알 수 있어	(1) 정확하게 우는 뻐꾸기	−몇 시 −몇 시 30분	측정
		(2) 신데렐라는 12시에 가야 해요		
2	1) 내 짝은 어디에?	(1) 몸으로 말해요	−몇 배 −덧셈과 곱셈식	수와 연산
		(2) 찾아라! 색깔의 짝		
	2) 도형아 놀자!	(1) 아기 돼지 삼형제	−삼각형/사각형 /원의 개념 −규칙	도형
		(2) 티셔츠 디자이너		
	3) 같은 숫자 다른 의미	(1) 멀리 뛰고 재어라	−1m −몇m −몇m 몇cm	측정
		(2) 도전! 순발력왕		
	4) 한 눈에 다 보여요	(1) 한 눈에 다 보여요		

Chapter 2 1학년 수학 원리 탐구 프로그램

1 1학년 프로그램 구성 개요

주제/모듈	탐구활동	세부 내용	수학 원리	관련 영역
1) 있다?! 없다?!	(1) 있다?! 없다?!	• 숫자 0의 개념 알기 • 숫자 0을 쓰고 읽어 보기 • 절대무, 상대무 알아보기 • 하나보다 하나 작은 것의 의미 탐구하기 • 역사 속 수학 탐구하기	0의 의미	수와 연산
2) 하나, 둘, 셋	(1) 3까지만 셀 수 있는 원시인	• 10에 대한 보수 : 가르기와 모으기 체험하기 • 세상에 3까지만 셀 수 있는 원시인이 있다면 수를 어떻게 셀지 예상해보기 • 십진 기수법 알아보기 • 로마, 바빌로니아, 이집트, 마야 사람의 수세기를 알고, 10진법을 쓰게 된 이유 탐구하기	10의 보수	수와 연산
	(2) 열 손가락의 비밀	• 십진 기수법의 편리함 느끼기 • 뒤집기 게임을 통하여 10의 보수 익히기 • 암호 해독을 통한 10의 보수 확인하기 • 변형된 할리 갈리게임으로 10의 보수를 찾아 게임하기 • 역사 속 수학 탐구하기		

<table>
<tr><th>주제/모듈</th><th>탐구활동</th><th>세부 내용</th><th>수학 원리</th><th>관련 영역</th></tr>
<tr><td rowspan="2">3)
나는
알 수
있어</td><td>(1)
정확하게
우는
뻐꾸기</td><td>• 시계에 관심을 가지고 시간을 찾아보기
• 여러 가지 시간표를 보며 시간 알아보기
• 몇 시, 몇 시 30분을 보고 시간 알아보기
• 정각과 정각의 30분을 시계판에 직접 맞춰 보기
• 주어진 시각에 맞게 시침과 분침 놓아보기</td><td rowspan="2">몇 시

몇 시
30분</td><td rowspan="2">측정</td></tr>
<tr><td>(2)
신데렐라는
12시에
가야 해요</td><td>• 동화 속에서 신데렐라가 시간에 맞춰 파티에 참석하거나 집에 가는 것을 도와주는 게임을 하며 시간 개념 익히기
• 자신의 방과 후 생활 계획표 만들어 보기</td></tr>
</table>

2 1학년 프로그램의 실제

1) 있다?! 없다?!

2) 하나, 둘, 셋

(1) 3까지만 셀 수 있는 원시인

(2) 열 손가락의 비밀

3) 나는 알 수 있어

(1) 정확하게 우는 뻐꾸기

(2) 신데렐라는 12시에 가야 해요

1－1)

있다?! 없다?!

1 탐구 활동 개요

5까지의 간단한 수를 세어 보는 활동을 통하여 1~5까지의 숫자를 익히고 읽고 쓰는 내용을 교육과정상에서 다루고 있다. 이 과정에서 '하나 더 적은 것'이라는 말로써 하나씩 사물의 개수를 감소하며, 수 0의 뜻을 읽고 써보는 탐구 활동을 활용할 수 있을 것이다. 본 탐구 활동을 통해 '0'의 수학적 의미와 수학 역사에 관심을 가질 수 있도록 꾸몄다. 이는 가장 기초적이고 기본적인 숫자를 지루하고 읽고 쓰는 활동을 넘어서서 수학에 관심을 길러줄 수 있는 좋은 내용이라 할 수 있겠다.

2 교육과정 분석

[1] 학년 및 단원: 1-가 1. 5까지의 수

[2] 단원의 학습 목표

① 사물의 개수를 셀 수 있다.
② 수 1, 2, 3, 4, 5 의 개념을 알고, 숫자 1, 2, 3, 4, 5를 쓰고 읽을 수 있다.
③ 1~5까지의 수의 순서적 의미를 알 수 있다.
④ 개수세기를 통해 하나 더 많은 것과 하나 더 적은 것을 이해할 수 있다.
⑤ 수 0의 개념을 알고, 숫자 0을 쓰고 읽을 수 있다.
⑥ 두 수의 크기를 비교할 수 있다.

[3] 학습의 흐름

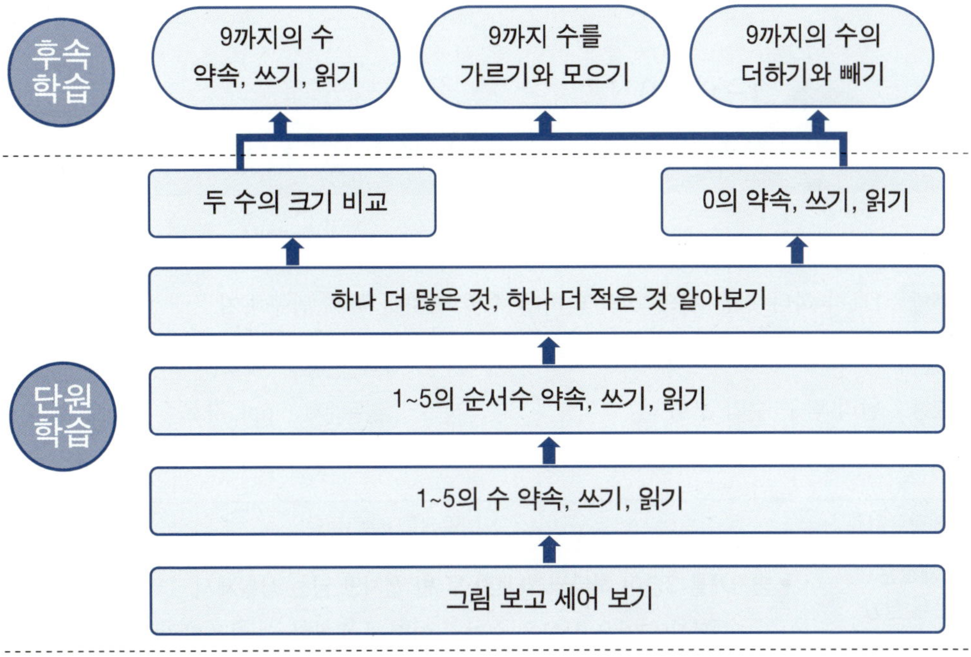

3 탐구 활동의 전개 계획

활동명	주제	수업 내용 및 활동	활동내용	수학 원리	관련 영역	관련단원
있다?! 없다?!	0의 약속, 쓰기, 읽기	• 수 0의 개념을 알게 한다. • 숫자 0을 읽고 쓰게 한다.	하나 보다 작은 것의 의미를 탐구하고 0이 없던 역사 속의 수학적 상황을 가정하여 생각해봄으로써 0의 수학적 의미에 흥미를 가지고 수학 역사에 관심을 가지도록 하는 활동을 한다. 0이 생긴 이후의 상황을 통해 현재까지 0을 쓰는 이유를 안다.	0의 의미	수와 연산	1-가 1. 5까지의 수

4 탐구 활동의 실제

1 – 1) – (1)

있다?!
없다?!

있다?! 없다?!

학습주제 1보다 하나 작은 것의 '0'의 의미를 수학 역사를 통해 탐구하기

학습목표 수 0의 개념을 의미를 탐구하기

준 비 물 빵3개, 장난감 3개

교수모형 원리 탐구 수업 모형

활용매체 ppt 자료

원리탐구단계	이렇게 지도하세요
새로운 문제 상황 제시	• 빵 3개를 3명이 하나씩 가져간 후 빈 접시만 남는 상황제시 - 빈 접시와 같은 상황을 숫자로 어떻게 표현할 수 있을지 생각하도록 한다.
수학적 원리의 필요성 인식	• 0이라는 숫자가 없었다면 어떻게 되었을지 여러 가지 상황 가정해보기 • 0을 발견한 인도의 이야기 ☞ 처음에는 동그라미를 그려 그곳이 비었다는 의미로 사용했으나 계속 전해오면서 지금의 '0'모양이 되었다. • 0의 발견으로 생활에 편리함을 준 상황을 알아보기 ▶ **활동지 1-1)-(1)** - 우리 생활 속에서 0이 사용되어 편리했던 것은 무엇인지 생각하며 이야기를 읽어보기.
학습할 원리가 내재된 조작 활동	• 장난감과 빵 3개를 가지고 하나씩 적은 수를 직접 세어보기 - 직접 하나씩 세어보고 써보도록 한다. ▶ **활동지 2번** ※ 예시 : 장난감 3개: [3], 장난감 2개:[2] , 장난감 1개: [1], 장난감 0개: [0]
수학적 원리의 형식화	• 이제까지 배운 원리를 형식화하기 - 사물이 하나도 없는 경우를 '0'이라고 쓰고, 이것을 '영'이라고 읽는다.
익히기 및 적용하기	• 아무것도 없는 '0'에서 하나씩 큰 수를 말하고 써보기 - 이제까지 하나씩 빼면서 0까지 수를 순서대로 세어보았다. 이번에는 바둑돌을 이용해서 0에서부터 거꾸로 하나씩 더해보는 활동을 해본다.

1 – 1) – (1)

있다?! 없다?!

학년 반 번

이름

1. 다음의 상황을 읽고 0이 발견된 후 좋은 점이 무엇인지 말해보세요.

★ 이야기 1

지금 우리가 살고 있는 현재를 나타내기 위하여 년, 월, 일을 사용하고 있습니다. 예를 들어 베이징 올림픽은 2008년 8월 8일에 시작하였습니다. 2008년 8월 8일에는 숫자 '0'이 있습니다. 그런데 숫자 '0'이 없었던 아주 옛날에는 어떻게 쓸 수 밖에 없을까요? 28년 8월 8일이 되었겠지요.

★ 이야기 2

300원으로 지우개를 사려고 합니다. 그런데 숫자 '0'이 없었던 아주 옛날이었다면 지우개는 3원이라고 할 수 밖에 없었겠군요. 3원으로는 지금 아무것도 살 수 없는 적은 돈인데 말이죠. 0이 하나 더 있는 3000원도 역시 3원이라고 할 수 밖에 없게 되는군요.

2. 빵의 갯수에 알맞은 숫자를 넣어보세요.

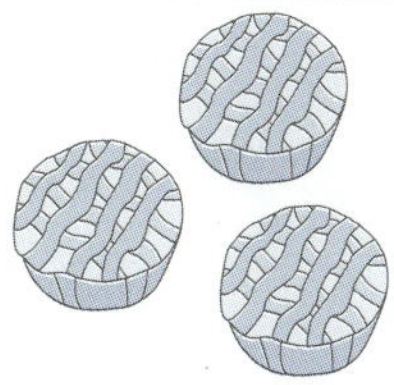	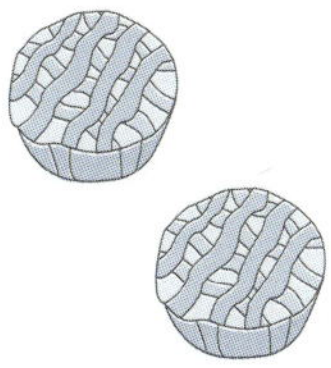		
3	2	1	0

3. 이렇게 읽고 씁니다.

사물이 하나도 없는 경우를 0 이라 하고

영 이라고 읽습니다.

1-2)

하나, 둘, 셋!

1 탐구 활동 개요

교육과정상에는 10개의 구체물을 두 묶음으로 가르거나 모아서 10개로 만드는 활동을 통하여 10의 보수 관계를 익히도록 구성하였다. 이 탐구 활동에서는 수학 역사 탐구 과정을 통해 왜 10의 보수관계를 익혀야 하는지에 대한 내용을 학습에 흥미를 가지도록 구성하였다. 더불어 모든 계산의 근본이 되는 10에 대한 개념이 탄탄히 자리 잡을 수 있도록 꾸몄다. 10, 100, 1000 등의 십진법의 기본이 되는 중요한 단원이기 때문에 아동이 실질적인 활동을 통하여 구체물을 직접 조작하는 활동을 활발하게 해 보도록 하여야 하겠다. 특히 그 바탕에 이런 탐구의 기본이 되는 수학의 역사에 대한 이야기를 가지고 도입을 하여 수학이 생활과 역사와 밀접하게 관련되어 있음을 깨닫게 하는 것이 좋겠다.

2 교육과정 분석

[1] 학년 및 단원: 1-나 3. 10을 가르기와 모으기

[2] 단원의 학습 목표

① 10개의 구체물을 두 묶음으로 가를 수 있다.
② 10을 두 수로 가를 수 있다.
③ 10개가 되게 두 묶음을 모을 수 있다.
④ 10이 되는 두 수를 모을 수 있다.

[2] 학습의 흐름

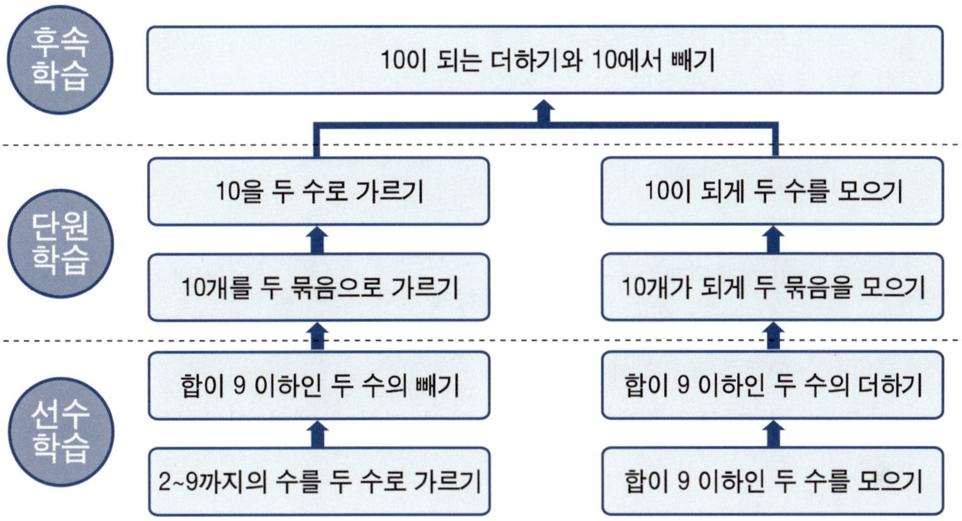

3 탐구 활동의 전개 계획

활동명	주제	수업 내용 및 활동	활동내용	수학 원리	관련 영역	관련단원
3까지만 셀 수 있는 원시인	10개를 두 묶음으로 가르기	• 10개의 묶음을 둘로 가르게 한다. • 둘로 가른 묶음의 개수를 ㅁ 안에 쓰게 한다.	세상에 3까지만 셀 수 있는 원시인이 있다면 개수를 어떻게 셀 것인지에 대한 상상을 통하여 10으로 세었을 때의 편리함을 안다. 고대 메소포타미아와 이집트 등에서 사용하던 수세기를 알아보고 지금의 수세기와 다른 점을 알아본다.	십의 보수	수와 연산	1-나 3. 10을 가르기와 모으기
	10을 두 수로 가르기	• 10개의 묶음을 둘로 가르게 한다. • 둘로 가른 묶음의 개수를 ㅁ 안에 쓰게 한다. • 0과 10, 10과 0의 두 수로 나누게 한다.				

<table>
<tr><th>활동명</th><th>주제</th><th>수업 내용 및 활동</th><th>활동내용</th><th>수학 원리</th><th>관련 영역</th><th>관련단원</th></tr>
<tr><td rowspan="2">열 손가락의 비밀</td><td>10개가 되게 두 묶음 모으기</td><td>• 10개가 되게 두 묶음을 모으게 한다.
• 모든 두 묶음의 개수를 ㅁ 안에 쓰게 한다.</td><td rowspan="2">10을 두 묶음으로 가르고, 10이 되게 두 묶음을 모으는, 가르기와 모으기 활동을 직접 경험하고 10의 보수의 개념을 터득하게 한다. 10이 되게 하는 짝을 자연스럽게 쉽고 빠르게 대답할 수 있을 정도가 되도록 스스로 탐구하는 시간을 준다.</td><td rowspan="2">십의 보수</td><td rowspan="2">수와 연산</td><td rowspan="2">1-나
3. 10을 가르기와 모으기</td></tr>
<tr><td>10이 되는 두 수 모으기</td><td>• 10개가 되게 두 묶음을 모으게 한다.
• 모든 두 묶음의 개수를 ㅁ 안에 쓰게 한다.
• 0과 10, 10과 0의 두 수를 모으게 한다.</td></tr>
</table>

4 탐구 활동의 실제

1 – 2) – (1)

하나, 둘, 셋!

3까지만 셀 수 있는 원시인

학습주제 여러 가지 수세기 방법을 알고 10진법을 사용하는 이유를 안다.

학습목표 가장 편하고 많이 쓰는 수세기 방법 알기

준 비 물 사과 10개, 바둑알 10개

교수모형 원리 탐구 수업 모형

활용매체 고대 사람들의 수세기 ppt (지식창고 참고)

원리탐구단계	이렇게 지도하세요
새로운 문제 상황 제시	• 3까지만 셀 수 있는 원시인이 10개의 사과를 발견하고 사과를 세는 과정을 제시 - 원시인이 3개까지만 셀 수 있다면 사과를 몇 개라고 말 할 수 있을지 말해보게 한다. - 원시인이 자신의 부족으로 돌아가서 몇 개를 보았는지 부족 사람들에게 말한다면, 사람들은 어느 정도의 양인지 알 수 있을지 의견을 나눈다. ※ 다양한 대답을 통하여 아이들이 자유롭게 답할 수 있도록 허용적인 분위기를 만들고 재미있게 탐구하도록 한다.
수학적 원리의 필요성 인식	• 5까지만 셀 수 있는 다른 원시인이 사과를 세는 과정을 제시 - 원시인이 5까지만 셀 수 있다면 사과를 몇 개라고 말 할 수 있을지 생각해보고 발표한다. - 이 원시원이 3까지만 셀 수 있는 원시인을 만난다면 어떻게 설명할 수 있을지, 개수를 말하면 알아들을지에 대해 발표한다. ※ 어린이들이 직접 나와서 간단한 연극처럼 꾸며도 된다.
학습할 원리가 내재된 조작 활동 1	• 원시인의 부족이 되어 바둑알을 세고 친구에게 말한 후 친구가 똑같이 표현하도록 도와주기 - 두 명이 한 팀이 되어 한 친구는 말로 바둑알의 양을 표현하고, 다른 한 친구는 자신의 바둑알로 어느 정도 말하는지 책상위에 올려놓도록 한다. - 한 모둠에서 3까지 셀 수 있는 부족과 5까지 셀 수 있는 부족으로 나누어 활동하게 한다. • 짝끼리 서로 말한 것과 올려놓은 바둑알이 같은지 확인하기 • 수를 정확히 세는 것이 중요한 이유는 무엇인지 생각해보기

원리탐구단계	이렇게 지도하세요
학습할 원리가 내재된 조작 활동 2	• 고대 사람들이 수를 어떻게 세었는지 탐구하기 - 지식창고를 참고하여 교사가 여러 고대 나라의 수세기 예시를 이야기로 제시한다. ※ 파워포인트 자료로 만들어 제시할 수도 있다. • 모둠끼리 어떤 나라의 수세기 방법을 택할 것인지 정하기 - 고대 바빌로니아, 이집트, 마야, 로마 중에서 선택하게 하고, 각각에 맞는 활동지를 나누어 준다. ※ 교사가 지정해주어도 되지만, 아이들이 선택할 수 있도록 하여 동기 부여가 되도록 하는 것도 좋다. 단, 어느 한쪽으로 치우쳐지지 않도록 유도한다. **※ 활동지 번호** ▷ 로마 1-2)-(1)-① ▷바빌로니아 1-2)-(1)-② ,③ ▷ 이집트 1-2)-(1)-④, ⑤ ▷마야 문명 1-2)-(1)-⑥, ⑦ • 활동지와 안내지를 가지고 각 모둠에서 탐구하여 수를 세어보기 ※ 교사가 몇 가지 예를 자세히 설명하고 이해가 되었는지 확인 후 모둠활동에 들어가도록 한다. **(로마 활동지를 활용)** • 활동 후 느낀 점과 생각 등을 발표하기 • 현재 사용하는 숫자를 각 모둠에서 나타내어 보기
수학적 원리의 형식화	• 각 나라에서 혹은 같은 지역에서만 수세는 방법이 같다면 어떤 일이 일어날지 상상해보고 발표하기 • 모든 사람이 알아들을 수 있는 수세기 방법이 무엇인지 알아보기 • 현재 사용하는 수세기 방법이 무엇인지 알아보기
익히기 및 적용하기	• 예전 고대에 살던 사람들은 어떻게 수를 세었는지 발표하기 • 현재 우리가 사용하는 수세기 방법은 어떤 것인지 발표하기 ☞ 현재에는 10까지 세어 받아 올리는 방법을 사용하며, 그 이유는 인체의 손가락과 발가락이 10개이기 때문이다.

참고자료 – 다양한 수세기법

바빌로니아 (메소포타미아)	 편의를 위해 10을 ◀ , 1을 ▼으로 대신하도록 한다.
이집트	
마야	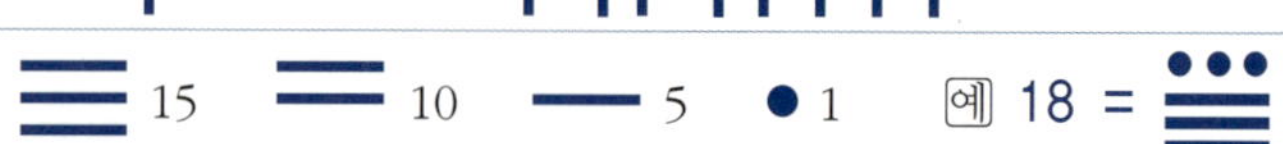
로마	X 10 V 5 I 1 예23 = XXIII

1-2)-(1)- ❶

하나, 둘, 셋!

3까지만 셀 수 있는 원시인 로마

학년	반	번
이름		

1. 로마 사람들은 숫자를 어떻게 표현했는지 알아봅시다.

로 마	Ⅰ	Ⅱ	Ⅲ	Ⅳ	Ⅴ	Ⅵ	Ⅶ	Ⅷ	Ⅸ	Ⅹ
	1	2	3	4	5	6	7	8	9	10

2. 로마 사람들의 숫자 표현법을 적어 봅시다. 빈칸에 알맞게 로마숫자를 쓰거나 그려보세요.

11	12	13	14	15	16	17	18	19	20
XI	XII	XIII	XIV	XV	XVI	XVII	XVIII	XIX	XX

21	25	30	31	35	40
XXI	XXV	XXX	XXXI	XXXV	XXXX

3. 주어진 그림을 세어 로마 숫자로 나타내어 보세요.

1번		2번	
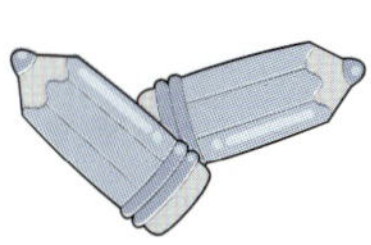	II		V
3번		**4번**	
	XIV		XXIV

1-2)-(1)- ❷

하나, 둘, 셋!

3까지만 셀 수 있는 원시인 바빌로니아

학년 반 번

이름

1. 바빌로니아 사람들은 숫자를 어떻게 표현했는지 알아봅시다.

바빌로니아 (메소포타미아)	◀	▼	예1) 14 = ◀▼▼▼▼
	10(십)	1(일)	예2) 22 = ◀◀▼▼

2. 바빌로니아 사람들의 숫자 표현법을 적어 봅시다. 빈칸에 알맞게 바빌로니아 숫자를 쓰거나 그려보세요.

1	2	3	4	5	6	7	8	9	10
▼	▼▼	▼▼▼	▼▼ ▼▼	▼▼▼ ▼▼	▼▼▼ ▼▼▼	▼▼▼ ▼▼▼ ▼	▼▼▼ ▼▼▼ ▼▼	▼▼▼ ▼▼▼ ▼▼▼	◀

11	15	20	21	35
◀▼	◀▼▼▼▼▼	◀◀	◀◀▼	◀◀◀▼▼▼▼▼

3. 주어진 그림을 세어 바빌로니아 숫자로 나타내어 보세요.

1번		2번	
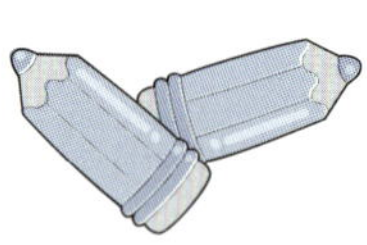	▼▼	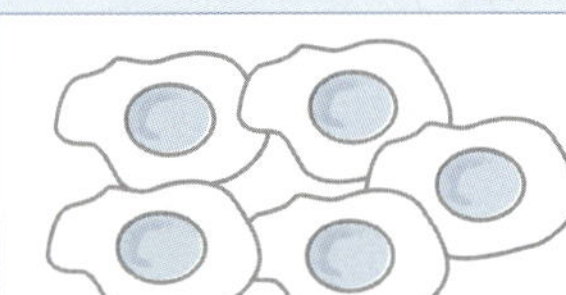	▼▼▼▼▼
3번		4번	
	◀▼▼ ▼▼		◀◀▼▼ ▼▼

1-2)-(1)- ❸

하나, 둘, 셋!

3까지만 셀 수 있는 원시인
바빌로니아에서 온 편지

학년 반 번
이름

★ 바빌로니아가 있던 아주 오래된 지역에서 편지가 발견되었습니다. 편지에 있던 내용 중 사람들이 알지 못하는 그림이 섞여있네요. 여러분들이 이 암호를 풀어주세요.

네르갈 보아라.

바빌로니아를 떠나 여행을 가는 길에, 집 대문에서 ◁◁▷▷▷ 걸음 떨어진 곳에, 내가 ▷▷▷개의 보따리를 숨겨놓았단다.

첫 번째 보따리에는 ◁▷▷▷▷▷▷ 개의 옥구슬이 들었고, 두 번째 보따리에는 ◁◁◁▷ 개의 금이 있단다. 세 번째 보따리에는 ▷▷▷▷▷▷▷ 개의 동전을 넣어 두었으니 내가 없는 동안 급할 때 꺼내어 쓰렴.

네르갈 보아라.

바빌로니아를 떠나 여행을 가는 길에, 집 대문에서 (23) 걸음 떨어진 곳에, 내가 (3)개의 보따리를 숨겨놓았단다.

첫 번째 보따리에는 (16)개의 옥구슬이 들었고, 두 번째 보따리에는 (31)개의 금이 있단다. 세 번째 보따리에는 (7)개의 동전을 넣어 두었으니 내가 없는 동안 급할 때 꺼내어 쓰렴.

1-2)-(1)- ❹

하나, 둘, 셋!

3까지만 셀 수 있는 원시인 이집트

학년 반 번
이름

1. 이집트 사람들은 숫자를 어떻게 표현했는지 알아봅시다.

이집트	∩	|	예 1) 14 = ∩||||
	10(십)	1(일)	예 2) 22 = ∩∩||

2. 이집트 사람들의 숫자 표현법을 적어 봅시다. 빈칸에 알맞게 이집트 숫자를 쓰거나 그려보세요.

1	2	3	4	5	6	7	8	9	10
|	||	|||	||||	|||| |	||| |||	|||| |||	|||| ||||	|||| |||| |	∩

11	15	20	21	35
∩|	∩|||||	∩∩	∩∩|	∩∩∩|||||

3. 주어진 그림을 세어 이집트 숫자로 나타내어 보세요.

1번		2번	
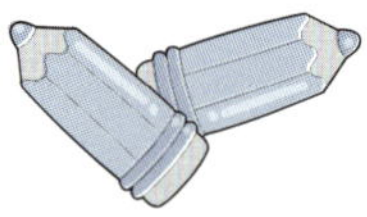	||	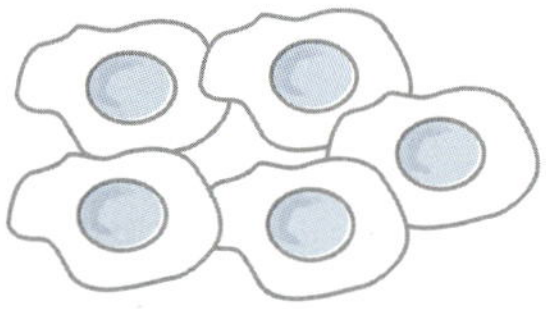	|||||
3번		**4번**	
	∩||||		∩∩ ||||

하나, 둘, 셋!

1-2)-(1)- ⑤

3까지만 셀 수 있는 원시인
이집트에서 온 편지

학년	반	번
이름		

★ 이집트가 있던 아주 오래된 지역에서 편지가 발견되었습니다. 편지에 있던 내용 중 사람들이 알지 못하는 그림이 섞여있네요. 여러분들이 이 암호를 풀어주세요.

호루스 보아라.

이집트를 떠나 여행을 가는 길에, 집 대문에서 ∩∩||| 걸음 떨어진 곳에, 내가 ||| 개의 보따리를 숨겨놓았단다.

첫 번째 보따리에는 ∩||||||개의 옥구슬이 들었고,

두 번째 보따리에는 ∩∩∩|개의 금이 있단다.

세 번째 보따리에는 ||||||| 개의 동전을 넣어 두었으니 내가 없는 동안 급할 때 꺼내어 쓰렴.

호루스 보아라.

이집트를 떠나 여행을 가는 길에, 집 대문에서 (23) 걸음 떨어진 곳에, 내가 (3)개의 보따리를 숨겨놓았단다.

첫 번째 보따리에는 (16)개의 옥구슬이 들었고, 두 번째 보따리에는 (31)개의 금이 있단다. 세 번째 보따리에는 (7)개의 동전을 넣어 두었으니 내가 없는 동안 급할 때 꺼내어 쓰렴.

1-2)-(1)- ⑥

하나, 둘, 셋!

3까지만 셀 수 있는 원시인 마야 문명

학년 반 번

이름

1. 마야 문명 사람들은 숫자를 어떻게 표현했는지 알아봅시다.

마야 문명	▬ ▬	▬	●	예1) 14 = ●●●● ▬ ▬
	10(십)	5(오)	1(일)	예2) 8 = ●●● ▬

2. 이집트 사람들의 숫자 표현법을 적어 봅시다. 빈칸에 알맞게 이집트 숫자를 쓰거나 그려보세요.

1	2	3	4	5	6	7	8	9	10
●	●●	●●●	●● ●●	▬	● ▬	●● ▬	●●● ▬	●●●● ▬	▬ ▬

11	12	15	18	19
● ▬ ▬	●● ▬ ▬	▬ ▬ ▬	●●● ▬ ▬ ▬	●●●● ▬ ▬ ▬

3. 주어진 그림을 세어 마야 문명의 숫자 로 나타내어 보세요.

1번		2번	
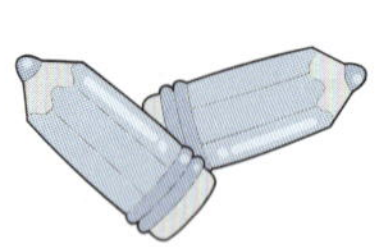	●●	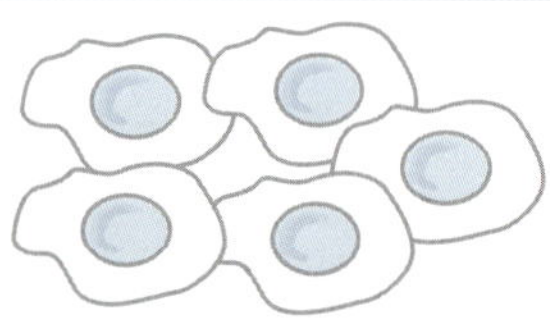	▬
3번		**4번**	
	●●●● ▬ ▬		●●●● ▬ ▬ ▬

하나, 둘, 셋!

1-2)-(1)-⑦

3까지만 셀 수 있는 원시인
마야 문명에서 온 편지

학년 반 번

이름

★ 마야 문명이 있던 아주 오래된 지역에서 편지가 발견되었습니다. 편지에 있던 내용 중 사람들이 알지 못하는 그림이 섞여있네요. 여러분들이 이 암호를 풀어주세요.

포피아스 보아라.

마야를 떠나 여행을 가는 길에, 집 대문에서

●●●≡ 걸음 떨어진 곳에, 내가 ●●● 개의 보따리를

숨겨놓았단다.

첫 번째 보따리에는 ●●— 개의 옥구슬이 들었고,

두 번째 보따리에는 ●●●≡ 개의 금이 있단다.

세 번째 보따리에는 ●●●●● 개의 동전을 넣어

두었으니 내가 없는 동안 급할 때 꺼내어 쓰렴.

포피아스 보아라.

마야를 떠나 여행을 가는 길에, 집 대문에서

(18) 걸음 떨어진 곳에, 내가 (3)개의 보따리

를 숨겨놓았단다.

첫 번째 보따리에는 (7)개의 옥구슬이 들었고,

두 번째 보따리에는 (18)개의 금이 있단다.

세 번째 보따리에는 (5)개의 동전을 넣어

두었으니 내가 없는 동안 급할 때 꺼내어 쓰렴.

1 – 2) – (2)

하나, 둘, 셋!

열 손가락의 비밀

학습주제 10을 가르고 모으는 활동을 통하여 10의 보수 알기

학습목표 10을 두 수로 가르고 모으기를 할 수 있다.

교수모형 개념 형성 수업 모형

활용매체 실물화상기

준 비 물 쌓기 나무 10개, 양면 색종이(동그라미 모양), 색 자석, 쌓기 나무, 패턴 블럭

원리탐구단계	이렇게 지도하세요
범례 제시하기	• 색이 다른 두 종류의 자석을 여러 개 제시 - 두 종류의 자석이 더해서 10이 되는 경우와 10이 되지 않는 근처의 수가 되도록 하여 제시한다. ※ 색이 다른 자석을 사용하는 이유는 직관적으로 감각을 사용하여 파악할 수 있도록 돕기 위함이다. • 위에서 제시한 자석 아래에 자석의 수를 적어서 제시 - 암산으로도 가능한 아주 작은 두 수를 사용하여 어렵지 않게 범례를 파악할 수 있도록 한다.
범례들을 분류하기	• 짝이 되는 두 수를 보고 공통점을 찾고 차이점을 찾기 • 공통점과 차이점을 바탕으로 기준을 찾아 두 갈래로 분류하기 ※ 아동이 이해를 잘 못하는 경우, 두 수를 더해 보라는 힌트를 주어 더해서 10이 되는 수와 아닌 수로 나눌 수 있게 한다.
공통의 성질 추상화하기	• 수로 나타낸 더해서 10이 되는 수를 생각해보고 공책에 써보기 ※ 아동이 스스로 생각해보게 한 후, 칠판에 나와 친구들에게 설명하도록 해도 된다. • 이외에 더해서 10이 되는 수의 짝을 모두 찾기 ※ 더해서 10이 되는 수라는 표현을 먼저 사용하고, 후에 가르기라는 표현을 사용한다.

원리탐구단계	이렇게 지도하세요
개념 도입 및 개념 익히기	• 게임을 통해 10을 갈라보기 (빠르게 뒤집어요) ▶ **활동지 1-2)-(2)** ☞ 게임 방법 미리 준비한 동그라미 모양의 양면 색종이를 5개씩 같은 색이 나오게 책상위에 올려놓는다. 각 모둠은 두 팀으로 나누고 자신의 팀 색깔을 고른다. 시작과 함께 10초 동안 빠르게 자신의 팀 색깔이 나오도록 상대편의 종이를 뒤집는다. 서로 뒤집고 뒤집히는 과정을 반복하다가 게임이 끝나면 자신의 팀 색깔이 많이 나온 팀이 승리한다. • 게임 결과를 활동지의 □ 안에 쓰기 • 다른 게임을 통해 10을 모아보기 ☞ 게임 방법 0~10까지 적힌 카드 중 하나만 가지고 있는 학생이 주어진 시간 안에 돌아다니며 친구의 카드를 확인하고 자신의 카드와 모았을 때 10이 되는 사람을 찾는다.

하나, 둘, 셋!

1-2)-(2)

열 손가락의 비밀

빠르게 뒤집어요

학년 반 번

이름

1. 뒤집기 게임 후 게임 결과를 써 보세요.

우리 팀 : (7)개

상대 팀 : (3)개

전체 종이는 10개!!

→ □ □ → 10

① 첫 번째 게임: 8, 2 → 10

② 두 번째 게임: 5, 5 → 10

③ 세 번째 게임: 9, 1 → 10

2. 뒤집기 게임에서 나오지 않은 수를 이용하여 10이 되는 두 수를 찾아보세요.

3, 7 → 10

4, 6 → 10

2, 8 → 10

1, 9 → 10

6, 4 → 10

7, 3 → 10

1－3)

나는 알 수 있어

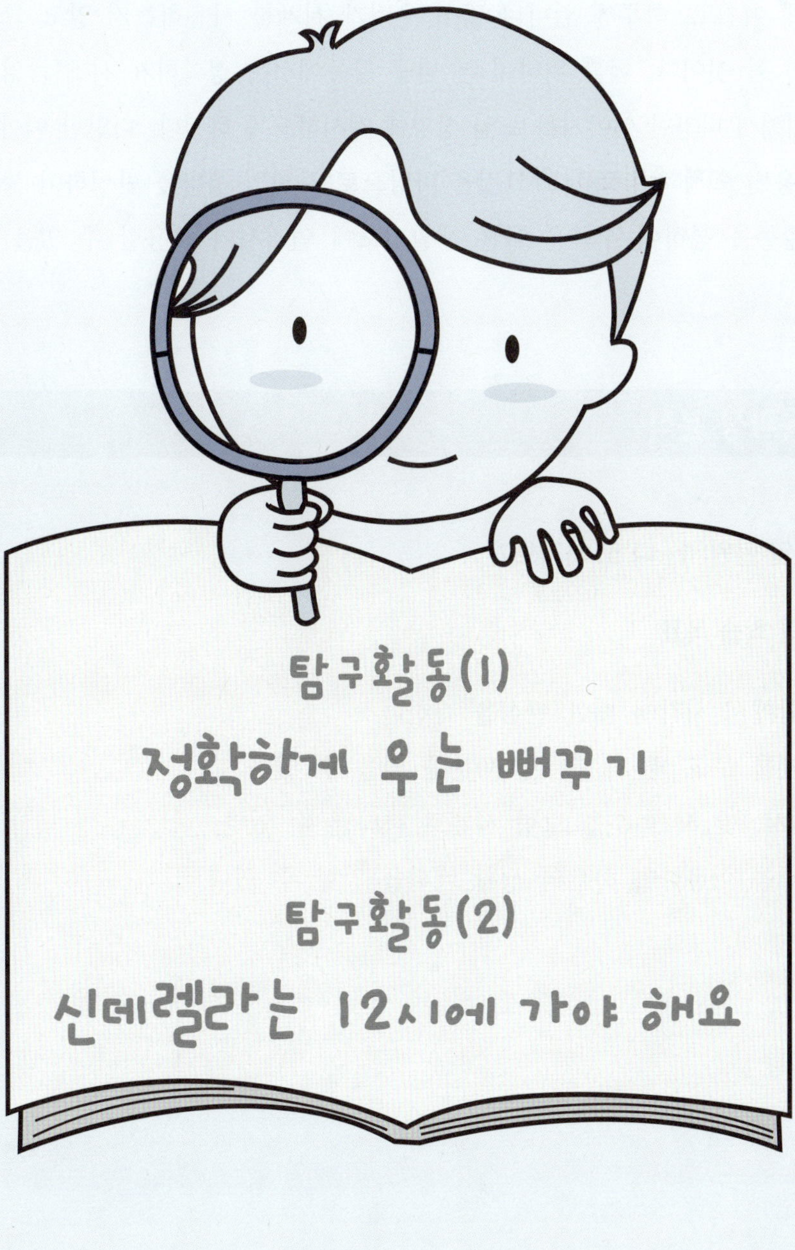

1 탐구 활동 개요

시계보기는 초등학교 과정 중에서 측정에 대한 이해를 가지게 하는 기초 단계이며 시각에 관한 최초의 지도라고 교육과정상에서 설명하고 있다. 단순히 모형시계를 이용하여 '몇 시' '몇 시 30분'을 외우고 익히는 수업에서 탈피하여 생활 속에서 많이 사용하는 시계를 친근하게 여기고, 하루에 얼마나 많이 우리가 시계를 사용하는지 알고 그 중요성을 알도록 해야 할 것이다. 이를 위하여 본 탐구 활동에서는 정확하게 시계를 읽고 생활에 활용하기 위해서 다양한 이야기를 도입 상황에 제시하도록 하였다. 다양한 이야기 속에서의 시계 활용법을 정확히 익히고 그것을 바탕으로 자신의 생활을 반성하여 생활 계획을 세워보는 활동을 통하여 수학은 물론 생활지도에 연결시켜 사용할 수 있을 것이다.

2 교육과정 분석

[1] 학년 및 단원: 1-나 5. 시계보기

[2] 단원의 학습 목표

① 생활에서 시각에 대한 관심을 가진다.
② 시계를 보고 몇 시, 몇 시 30분을 읽을 수 있다.
③ 몇 시, 몇 시 30분을 모형 시계로 나타낼 수 있다.
④ 시각을 이용하여 하루의 생활 계획을 말할 수 있다.

[3] 학습의 흐름

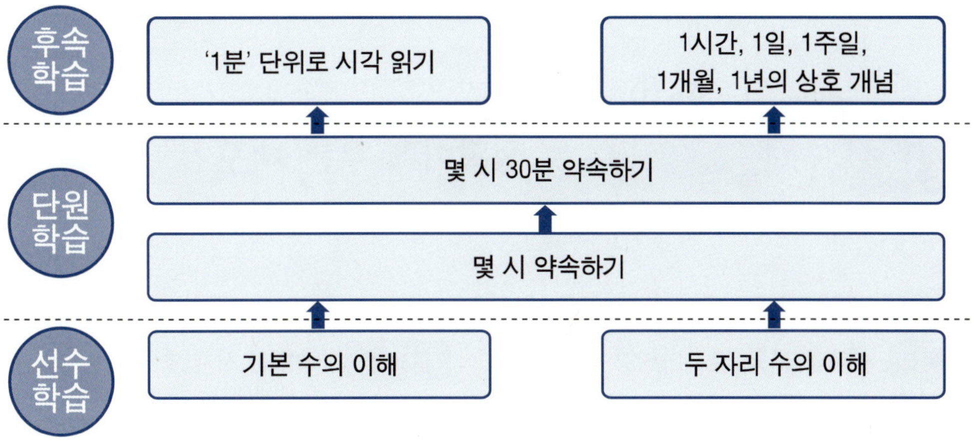

3 탐구 활동의 전개 계획

활동명	주제	수업 내용 및 활동	활동내용	수학 원리	관련 영역	관련 단원
정확하게 우는 뻐꾸기	몇 시인지 알아보기	• 분침이 숫자 12를 가리킬 때 시침이 가리키는 숫자가 시각을 나타낸다는 것을 모형 시계를 조작하여 알게 한다. • 용어 '몇 시'를 약속한다.	'몇 시'에만 우는 뻐꾸기시계를 이용하여 뻐꾸기가 우는 수와 시계의 시침과 분침의 관계를 통하여 자연스럽게 '몇 시'를 알 수 있는 활동을 한다. 긴 바늘이 12를 가리키고 있다는 공통점을 통하여 짧은 바늘이 가리키는 숫자를 읽으면 '몇 시'가 됨을 추론한다.	몇 시 몇 분	측정	1-나 5. 시계보기
신데렐라는 12시에 가야 해요	재미있는 놀이, 문제 해결	• '몇 시'와 '몇 시 30분'을 시계판에 나타내게 한다. • 모둠원끼리 생활 계획을 말하고, 그 시각을 표현하게 한다.	동화 속 신데렐라의 이야기를 듣고 신데렐라가 파티에 가기 위해 할 일을 해야 하는 시간을 알고 파티에 가서 12시에 돌아오기까지 일과를 시계로 나타내는 활동으로 재미있는 시계 학습을 한다.			

4 탐구 활동의 실제

1 – 3) – (1)

나는 알 수 있어

정확하게 우는 뻐꾸기

학습주제 뻐꾸기시계를 통하여 '몇 시'를 익힌다.

학습목표 시계를 보고 '몇 시'를 알 수 있다.

교수모형 원리 탐구 수업 모형

활용매체 실물화상기

준 비 물 모형 큰 시계(초침 없는 것), 뻐꾸기시계(실물 or 모형), TV 프로그램 편성표, 지하철 운행 시간, 한 아이의 하루 일과표

원리탐구단계	이렇게 지도하세요
새로운 문제 상황 제시	• 어제 한 일 중 시간에 맞추어 한 일 이야기하기 - 어제 한 일 중에서 시간에 맞추어 한 일은 어떤 것이 있을지 이야기하게 한다. - 다양한 대답을 통하여 아이들이 자유롭게 답할 수 있도록 허용적인 분위기로 답하도록 한다. • 시간이 쓰이는 다양한 상황 이야기하기 - 다양한 상황을 이야기하도록 하기 위해 교사가 미리 TV편성표, 지하철 운행시간표, 일과표 등을 제시한다.
수학적 원리의 필요성 인식	• 시계를 잘 읽어야 하는 까닭 알아보기 - 시간을 잘 알면 어떤 점이 좋을지 발표하게 한다. - 시계가 없었다면 어떻게 되었을지 발표하게 한다.
학습할 원리가 내재된 조작 활동	• 시계의 원리와 구성 알아보기 - 시계를 보면 무엇이 보이는지 이야기해보게 한다. - 시계는 도는 방향이 일정한지 일정하지 않은지 발표하게 한다. • 뻐꾸기시계를 조작하며 뻐꾸기가 우는 수 세어보기 - 실물 뻐꾸기시계가 있다면 좋겠지만 구하기 힘든 경우 모형으로 만든 시계를 사용하되 뻐꾸기시계가 정각에 1시에 한 번, 2시면 두 번 우는 것을 미리 알려준다. - 짧은 바늘을 1에 두면 뻐꾸기가 몇 번 울지 생각해보게 한다.

원리탐구단계	이렇게 지도하세요
학습할 원리가 내재된 조작 활동	• 뻐꾸기시계를 전체 다 해보지 않고 1,2,3에 짧은 바늘을 두고 직접 뻐꾸기가 우는 개수를 세고 나머지는 큰 수는 추리하여 대답할 수 있도록 하기 - 뻐꾸기가 울었던 시간의 공통점은 무엇인지 이야기해보게 한다. (예시: 긴바늘이 12를 가리킨다..) - 뻐꾸기가 3번 울었을 때 짧은 바늘은 몇을 가리키고 있었을지 이야기 해보게 한다. (예시: 3시입니다.) - '몇 시'라고 하였을 때는 어떤 바늘을 보고 말해야 할지 말해본다.
수학적 원리의 형식화	• 긴 바늘이 12에 있고 짧은 바늘을 숫자에 두고 읽어보기 • 현재 시계가 가리키는 바늘을 보고 몇 시 인지 알아보기(수학 책 63쪽)
익히기 및 적용하기	• **활동지 1-3)-(1)** 통해 뻐꾸기시계를 사용하여 몇 시 인지 익히기

나는 알 수 있어

1-3)-(1)

정확하게 우는 뻐꾸기

학년 반 번

이름

1. 뻐꾸기시계 그림을 보고 뻐꾸기가 몇 번을 울게 되는지 색칠해보세요.

8 시

5 시

10 시

6 시

1－3)－(2)

나는 알 수 있어

신데렐라는 12시에 가야 해요

학습주제 '몇 시'와 '몇 시 30분'을 동화를 통하여 익히기

학습목표 하루 일과를 '몇 시'와 '몇 시 30분'으로 나타낼 수 있다.

교수모형 일반 수업 모형 **준 비 물** 동화책, 동화 관련 모형 시계

원리탐구단계	이렇게 지도하세요
도입	• 동화책의 신데렐라 이야기를 듣기 전체 동화를 읽지 않고 학습에 필요한 중요부분(파티 가기 전 할 일)을 들려준다.
전개	• 신데렐라가 해야 하는 일 알기 - 신데렐라가 파티에 가기 전 해야 하는 일은 어떤 것이 있었는지 이야기 나눈다. • 파티에 참석하기 위해 계획세우기 ▶ **활동지 1-3)-(2)** - 파티에 참석하려면 하루 계획을 어떻게 세울 수 있을지 이야기 나눈다. - 이해를 돕기 위해 교사가 하루 계획을 세울 수 있도록 예시를 보여준다. 시간대별로 해야 할 일과 함께 모형 시계를 연결시켜서 하루 계획을 세우고, 파티에서 돌아오는 12시까지 일과를 보여준다. - 파티에 참석하고 돌아오는 시간까지 하루 계획을 세워본다. ※ '몇 시'와 '몇 시 30분' 단위의 시계를 그리고 해야 할 일과 연결시켜 하루 계획을 세울 수 있도록 한다. • 신데렐라의 하루 일과표를 바탕으로 시간 읽어보기 - 하루 계획을 어떻게 세웠는지 이야기 해본다. ※ 단순히 하루 계획을 세우고 마는 것이 아니라 자신이 세운 신데렐라의 하루 계획표를 보고 시계를 읽고 할 일을 연결시키는 발표 활동이 중요하기 때문에 이 활동 시간을 많이 할애하고 많은 발표를 들어본다. 계속 발표하고 듣는 것은 지루하므로 듣고 자신과 같거나 다른 것을 말하는 활동을 많이 한다.
정리	• 자신의 하루 계획세우기 ※ 하루 중 꼭 해야 하는 일을 중심으로 간단하게 계획을 세우도록 한다. ※ '몇 시'와 '몇 시 30분' 단위가 아닌 답이 나와도 허용하고 너무 자세하게 하루계획을 세우는 것이 아닌 일어나는 시간, 자는 시간과 같은 규칙적인 활동 중심으로 구성한다.

1-3)-(2)

나는 알 수 있어

신데렐라는 12시에 가야 해요

학년 반 번

이름

내가 해야 하는 일

1. 설거지하기 (6시)
2. 방청소하기
3. 밥하기
4. 옷 갈아입고 파티 갈 준비하기
5. 파티 즐기기
6. 집에 오기 (12시에 꼭 돌아와야 함)

예시

1. 설거지하기

6 시 분

2. 방청소하기

7 시 분

3. 밥하기

9 시 분

4. 옷 갈아입고 파티 갈 준비하기

10 시 30 분

5. 파티 즐기기

1 시 30 분

6. 집에 오기

12 시 분

Chapter 3 2학년 수학 원리 탐구 프로그램

1 2학년 프로그램 구성 개요

주제/모듈	체험제목	세부 내용	수학 원리	관련 영역
1) 내 짝은 어디에?	(1) 몸으로 말해요	• 같은 수를 묶어 세며, 그것을 더하기 식으로 나타내기 • 구체물을 이용하여 같은 수 더하기를 곱셈식으로 나타내는 방법 탐구하기 • 덧셈식과 곱셈식의 관계 알아보기 • 동수 누가에 의한 곱셈, 배 개념 곱셈을 몸을 이용한 표현활동으로 알아보기	몇 배 덧셈과 곱셈식	수와 연산
	(2) 찾아라! 색깔의 짝	• 패턴블럭으로 모양을 만들며 같은 수를 여러 번 더하는 '몇 배'의 개념 탐구하기 • 패턴블럭을 이용한 게임 하기 • 패턴블럭으로 탑을 쌓고 곱셈식으로 나타내기 • 전래동화에서 형과 동생이 서로를 위해 짚단을 옮기는 장면을 보고 형과 동생은 각각 몇 개씩 옮겼을지 탐구하기		

<table>
<tr><th>주제/모듈</th><th>체험제목</th><th>세부 내용</th><th>수학 원리</th><th>관련 영역</th></tr>
<tr><td rowspan="2">2)
도형아
놀자!</td><td>(1)
아기 돼지
삼형제</td><td>• 삼각형, 사각형, 원을 동화 속 돼지 삼형제의 이야기로 알아보기
• 직선과 선분 알아보기</td><td rowspan="2">삼각형
사각형
원

규칙
찾기</td><td rowspan="2">도형</td></tr>
<tr><td>(2)
티셔츠
디자이너</td><td>• 밀고, 뒤집고, 돌려서 무늬 만들기
• 무늬를 이용한 티셔츠 디자인하기
• 규칙을 발견하여 타일 무늬를 디자인하기</td></tr>
<tr><td rowspan="2">3)
같은 숫자
다른 의미</td><td>(1)
멀리 뛰고
재어라</td><td>• 생활 속의 임의 단위 알아보기: 뼘, 발, 척
• 임의 단위의 불편함을 알고 보편적인 단위 도입의 당위성 느끼기
• 직접 멀리 뛰어보고 작은 단위로 길이를 재어 큰 단위의 필요성 알아보기</td><td rowspan="2">1m

몇m

몇m
몇cm</td><td rowspan="2">측정</td></tr>
<tr><td>(2)
도전!
순발력왕</td><td>• 떨어지는 막대기를 잡아 얼마만큼 잡았는지 말해보고 임의 단위의 불편함을 느끼기
• 1cm와 1m로 약속하기
• 길이를 어림잡아 생각해보고 직접 재어보기</td></tr>
<tr><td>4)
한 눈에
다 보여요</td><td>(1)
한 눈에 다
보여요</td><td>• 수집 → 정리 → 해석의 과정을 거치는 통계의 기본 원리 체험하기
• 표에 정리했을 때의 장점 알아보기
• 조사하고 싶은 주제를 흥미롭게 찾아보기
• 친구들이 좋아하는 것들을 조사하고 정리하기
• 조사한 것을 바탕으로 표로 나타내기</td><td>표

그래프</td><td>확률과
통계</td></tr>
</table>

MEMO

2 2학년 프로그램의 실제

1) 내 짝은 어디에?

(1) 몸으로 말해요

(2) 찾아라 색깔의 짝!

2) 도형아 놀자!

(1) 아기돼지 삼형제

(2) 티셔츠 디자이너

3) 같은 숫자 다른 의미

(1) 멀리 뛰고 재어라

(2) 도전! 순발력왕

4) 한 눈에 다 보여요

(1) 한 눈에 다 보여요

2-1)

내 짝은 어디에?

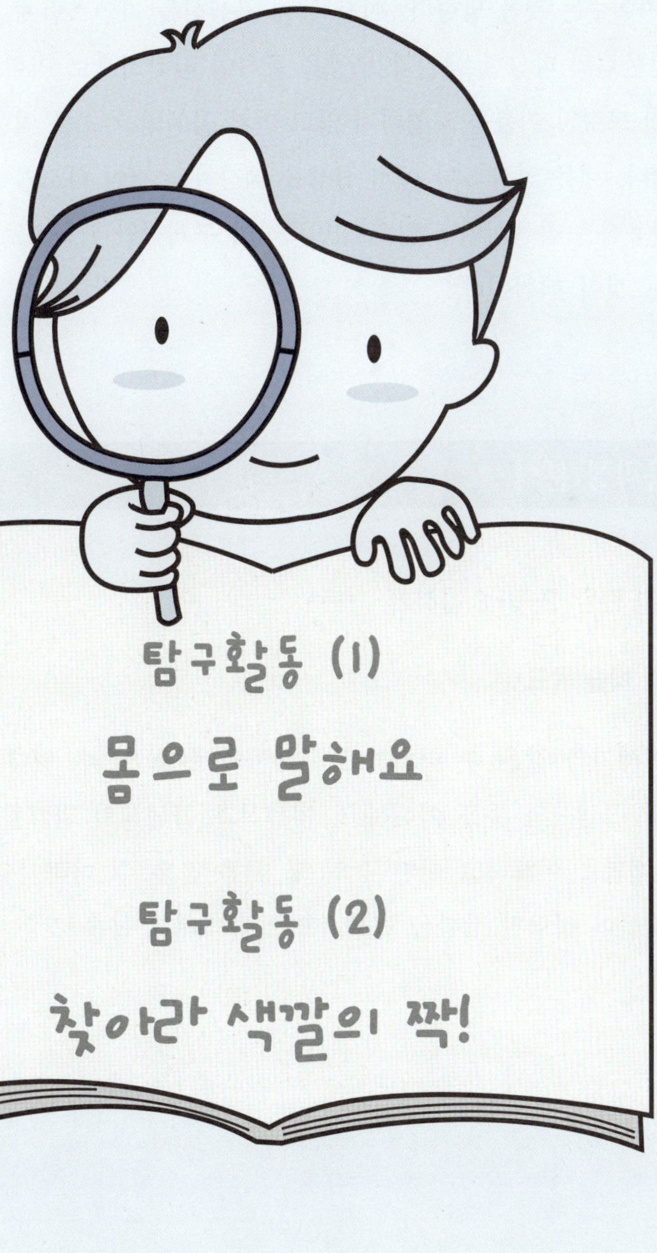

탐구활동 (1)

몸으로 말해요

탐구활동 (2)

찾아라 색깔의 짝!

1 탐구 활동 개요

묶어서 여러 번 세는 것의 불편함을 알고 묶어서 세는 구체적인 활동을 통하여 곱하기의 개념을 도입한다. 여기서 구체적인 활동이란 저학년의 신체발달과 흥미에 맞게 직접 짝짓기 놀이를 통하여 동수누가의 경험을 하고, 후에는 패턴블럭을 이용하여 간단한 색깔과의 짝을 지어주는 것을 말한다. 이를 통해 곱셈식을 자연스럽게 도입할 수 있다. 이때, 교사는 패턴블럭의 다양한 색깔과 모양을 통하여 감각적으로 익힐 수 있도록 도와야 하며, 구체적인 도형의 이름을 도입하지 않고 단지 곱셈의 기초를 익힐 수 있는 단계에서만 활용해야 한다. 내용 역시 2-나 에서 곱셈을 계산하는 것이 나오기 때문에 이 단원에서는 구구단을 사용하는 곱셈식의 도입으로 만족하며 구체적인 활동으로 흥미를 가질 수 있도록 지도하는 것이 핵심이다.

2 교육과정 분석

[1] 학년 및 단원: 2-가 8.곱하기

[2] 단원의 학습 목표

① 묶어세기와 같은 수 더하기로 구체물의 수를 알 수 있다.
② 곱과 곱셈식의 뜻을 이해하고, 덧셈식과 곱셈식의 관계를 알 수 있다.
③ 배 개념을 이해하고 어떤 수의 몇 배를 같은 수 더하기로 구할 수 있다.
④ 구체물이 정렬된 상황을 곱셈식으로 나타내고 곱을 같은 수 더하기로 구할 수 있다.

[3] 학습의 흐름

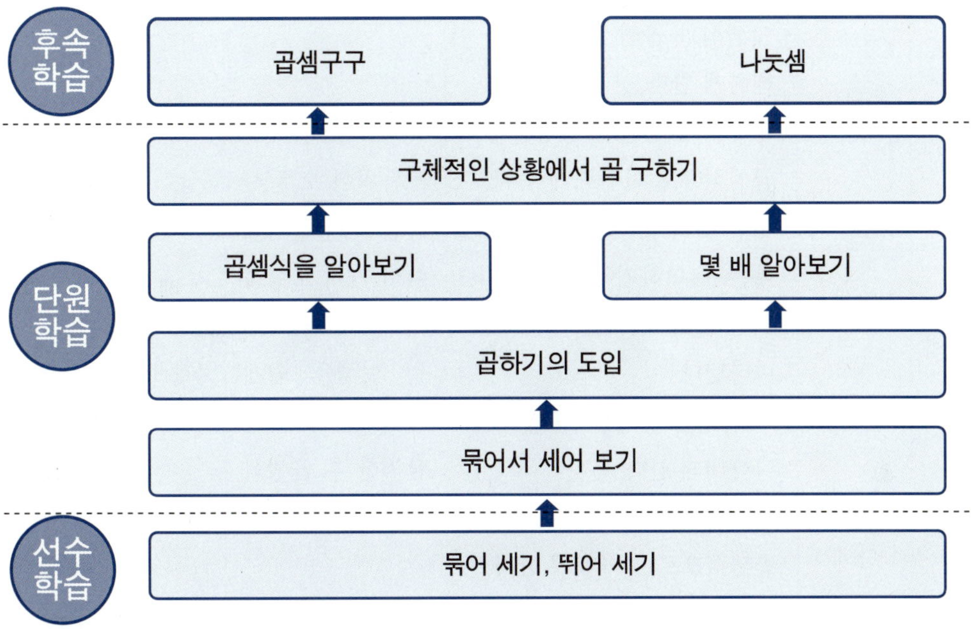

3 탐구 활동의 전개 계획

<table>
<tr><th>활동명</th><th>주제</th><th>수업 내용 및 활동</th><th>활동내용</th><th>수학 원리</th><th>관련 영역</th><th>관련단원</th></tr>
<tr><td rowspan="2">몸으로 말해요</td><td>묶어세기</td><td>• 같은 수로 묶어 세게 한다.
• 묶어서 센 것을 같은 수 더하기로 나타내고 그 합을 구하게 한다.</td><td rowspan="2">2인 1조로 하트모양을 만들어 보고, 여러 명이 알파벳 모양을 만들어보는 신체표현 활동을 통해 자연스럽게 묶어세는 것의 의미를 안다.</td><td rowspan="2">몇 배

덧셈과 곱셈</td><td rowspan="2">수와 연산</td><td rowspan="2">2-가
8. 곱하기</td></tr>
<tr><td>곱하기</td><td>• 구체물을 써서 곱하기의 의미를 알고 읽게 한다.
• 같은 수 더하기를 곱으로 나타내게 한다.</td></tr>
</table>

<table>
<tr><th>활동명</th><th>주제</th><th>수업 내용 및 활동</th><th>활동내용</th><th>수학 원리</th><th>관련 영역</th><th>관련단원</th></tr>
<tr><td rowspan="3">찾아라! 색깔의 짝</td><td>곱셈식</td><td>• 덧셈식과 곱셈식의 관계를 이해하게 한다.
• 구체물의 정렬된 상황을 보고 곱셈식으로 나타내게 한다.</td><td rowspan="3">모둠원이 모두 사용한 패턴블럭의 여러 가지 도형을 세어 보고 연속되는 덧셈을 쉽게 세어보는 과정을 탐색한 후 곱셈식으로 나타낸다.</td><td rowspan="3">몇 배
덧셈과 곱셈</td><td rowspan="3">수와 연산</td><td rowspan="3">2-가
8. 곱하기</td></tr>
<tr><td>몇 배</td><td>• 어떤 수의 몇 배는 얼마인지를 같은 수 더하기로 알게 한다.
• 어떤 수의 몇 배를 곱셈식으로 나타낸다.</td></tr>
<tr><td>곱셈식으로 나타내기</td><td>• 구체적인 상황을 곱셈식으로 나타내게 한다.
• 구체물을 써서 정렬된 상황을 곱셈식으로 나타내게 한다.
• 곱셈 상황의 말을 곱셈식으로 나타내게 한다.</td></tr>
</table>

4 탐구 활동의 실제

2 – 1) – (1)

내 짝은 어디에?

몸으로 말해요

학습주제 묶어세기를 통하여 같은 수 더하기를 곱으로 나타내게 한다.

학습목표 같은 수 더하기로 전체 수를 알 수 있다.

준 비 물 간편한 복장

교수모형 개념 형성 수업 모형

활용매체 실물 화상기

원리탐구단계	이렇게 지도하세요
범례제시하기 (동기유발)	• 우리 반에서 친한 친구끼리 모이는 상황을 제시하기 • 4명씩 (한 모둠) 모이는 상황을 연출하기 ※ 교사가 이야기 상황을 꾸며도 좋고, 아동에게 그 상황을 연출하도록 해도 된다.
범례들을 분류하고 공통의 성질 추상화하기	• 두 상황의 차이를 알고 분류하기 - 첫 번째 상황을 덧셈으로 나타내어 우리 반 학생 수를 세보고 발표하도록 한다. - 두 번째 상황을 덧셈으로 나타내어 우리 반 학생 수를 세보고 발표하도록 한다. ※ 두 상황을 직접 해 보고 어떻게 세는 것이 더 편리한지 직감적으로 알게 한다.
개념 도입하기	• 묶어 세어보기 - 묶어세는 것이 빠르고 간편함을 알았으면 같은 수 더하기를 칠판에 적으며 '몇 묶음'씩 셀 수 있는지 말로 표현하여 곱셈식을 준비하도록 한다. - 4씩 묶어세기는 4씩 더하면서 세는 것임을 이야기하도록 한다. • 모두 몇 개인지 묶어서 센 것을 덧셈식으로 나타내고 곱셈식으로 나타내기 $4 + 4 + 4 = 12 \Rightarrow 4 \times 3 = 12$ ※ 4개씩 3묶음 이라는 말을 사용하여 곱하기를 읽도록 하는데 '4곱하기3'이라는 일관된 언어를 사용하여 앞으로 배울 곱셈식을 쉽게 이해할 수 있도록 한다. 곱셈기호를 처음 도입하는 부분이므로 곱셈기호를 쓰는 방법을 지도하여 익숙하게 한다.
개념익히기	• 곱하기로 나타내는 방법 익히기 - 방법 : 여러 가지 알파벳 모양을 여러 명이 똑같은 글씨로 만들어 봄으로써 그 알파벳을 여러 개 만드는 경우에는 몇 명이 필요한지 알아보고 이것을 곱셈식으로 간단하게 나타내어 구할 수 있도록 지도한다. • 몇 명이 필요할지 이야기 나누어 보기

내 짝은 어디에?

2 – 1) – (2)

찾아라! 색깔의 짝

학습주제 패턴블록을 이용하여 어떤 수의 몇 배를 곱셈식으로 나타내게 한다.

학습목표 배 개념을 이해하고 어떤 수의 몇 배를 같은 수 더하기로 구할 수 있다.

교수모형 문제 해결 수업 모형 **준 비 물** 교사용 패턴블록, 교수용S/W, 실물 화상기

활용매체 실물 화상기

원리탐구단계	이렇게 지도하세요
동기 유발	• 패턴블록을 탐색하기 (색깔, 모양 등) - 패턴블록으로 만든 여러 가지 모양을 보여준다. - 동물 모양 중의 여우 모양을 보여 주고 사용한 도형의 색깔을 탐색하게 한다.  • 선생님이 사용한 도형을 이용하여 똑같이 만들어보기 ※ 교사용 패턴블록은 실물 화상기를 사용하여 제시하고 아동이 보고 똑같은 패턴블록 을 사용하여 만들 수 있도록 충분한 시간을 주어 흥미를 유발한다.
문제 이해하기 및 해결 계획 수립하기	• 모둠원이 사용한 패턴블록이 전체 몇 개인지 세어보기 - 패턴블록의 정확한 도형의 이름을 사용하지 않고 색깔로만 이름을 정한다. 한 사람당 3개로 여우 모양을 만들면 전체 모둠에서는 몇 개가 필요한지 수식으로 나타내어 세어본다. ($3 + 3 + 3 + 3 = 12$ ➡ $3 \times 4 = 12$) • 여우 모양을 개인당 한 개를 만들어 보고 각 색깔은 모둠에서 몇 개가 사용되었는지 세어보기 ※ 예시답안 : 주황색(사각형) ➡ $1 + 1 + 1 + 1 = 1 \times 4 = 4$, 갈색(마름모) ➡ $2 + 2 + 2 + 2 = 2 \times 4 = 8$
해결 계획을 실행하기	• 햄버거 모양으로 패턴블럭 쌓아보기 - (노란색(육각형)위에 초록색(세모)으로 가득 채워 올린다. 그 위에 파란색(마름모)로 가득 채워 올린다. 그 위에 빨간색(사다리꼴)을 올리고, 그 위에 노란색(육각형)을 다시 쌓아 햄버거 모양이 되게 한다. ※ 이해하기 쉽도록 실물 화상기를 이용하여 교사가 직접 예시를 보여준다. • 세 가지 모양의 패턴블록을 쌓아 탑을 만들어 모둠원이 모두 사용한 색깔별 개수를 세어보기 ▶ **활동지 2-1)-(2) 1번**

원리탐구단계	이렇게 지도하세요
해결 계획을 실행하기	• 패턴블록을 이용하여 재미있는 게임하기 ▶ **활동지 2-1)-(2) 2번** - 개수를 구할 때에는 식으로 풀어서 답을 구한 후 직접 사용한 패턴블록을 세어보는 활동을 통해서 답을 확인한다. 이 과정에서 직접 하나씩 세어보는 것보다 식을 사용함이 더 편함을 알고 곱셈식에 익숙해지도록 지도한다. ※ 본 게임시 활동지는 개별로 나누어주고 각자의 활동지에 패턴블록을 쌓도록 한다.
반성하기	• 개수를 세기 위해 덧셈식과 곱셈식을 모두 사용해 보기 • 위의 단계에서 사용한 방법 중 어느 것이 더 쉽게 구해졌는지 알아보기

2 – 1) – (2)

내 짝은 어디에?

찾아라! 색깔의 짝

학년 반 번

이름

1. 패턴블록을 층층이 쌓아 탑 모양을 만들어 보세요.

1) 혼자서 만든 탑에 사용된 패턴블록은 각각 몇 개입니까?

(1)개	(6)개	(3)개

2) 탑 모양을 모두 만든 후 모둠원이 사용한 패턴블록이 전체 몇 개 인지 세어보세요.

	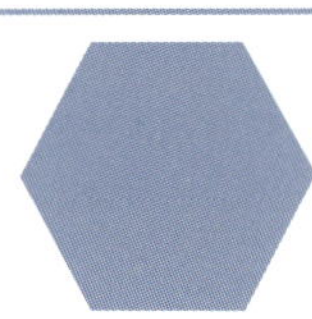				
덧셈식	1+1+1+1=4		6+6+6+6=24		3+3+3+3=12
곱셈식	1×4=4		6×4=24		3×4=12
	(4)개		(24)개		(12)개

3) 전체 모둠원이 사용한 패턴블럭의 개수를 세려고 할 때 어떻게 세는 것이 쉽고 빨랐습니까?

모두 더하는 것보다 내가 사용한 개수에 모둠원의 수를 곱하는 것이 더 쉽고 빠르다.

2. 패턴블록을 이용하여 재미있는 게임을 해 볼까요?

★ 게임 방법 ★

1. 주사위를 돌려 모둠에서 가장 큰 수가 나온 학생을 찾으세요.
2. 그 학생만 주사위에 나온 수만큼 아래의 그림에 패턴블록을 번호 순서에 따라 올려놓습니다.
3. 한 칸이 다 채워지면 다음 번호로 이동하여 패턴블록을 채웁니다.
4. 번호대로 모든 칸을 다 꽉 채운 사람이 이기게 됩니다.
5. 모든 모둠원이 도형을 모두 채울 때까지 게임을 합니다.

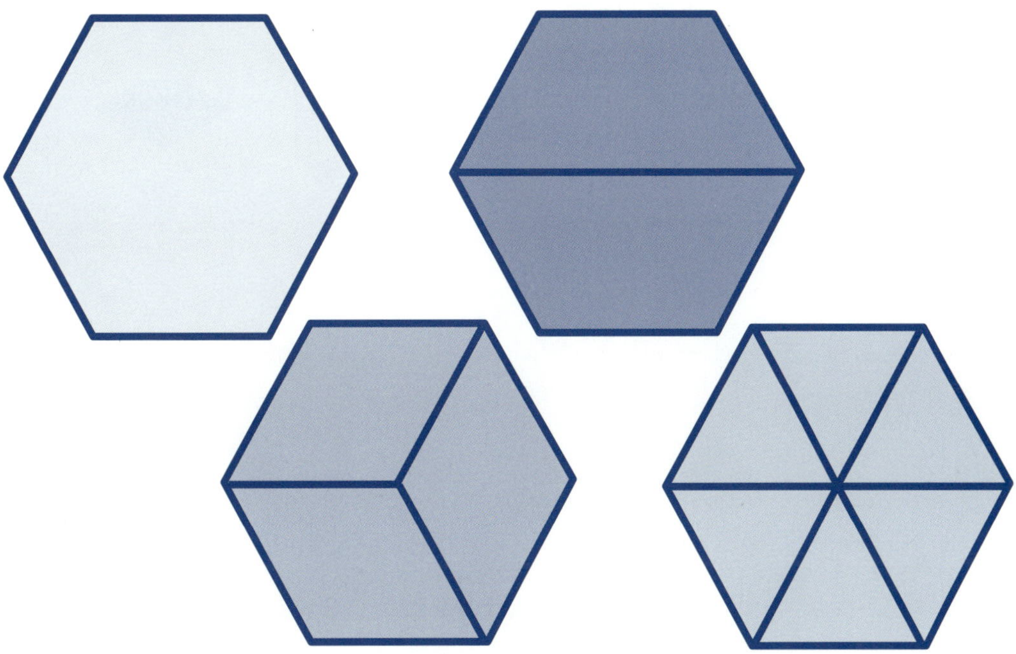

우리 모둠에서 사용한 같은 색의 블록의 개수를 식으로 알아봅시다.

	덧셈식	곱셈식
노란색	1+1+1+1=4	1×4=4
빨간색	2+2+2+2=8	2×4=8
파란색	3+3+3+3=12	3×4=12
초록색	6+6+6+6=24	6×4=24

2-2)

도형아 놀자!

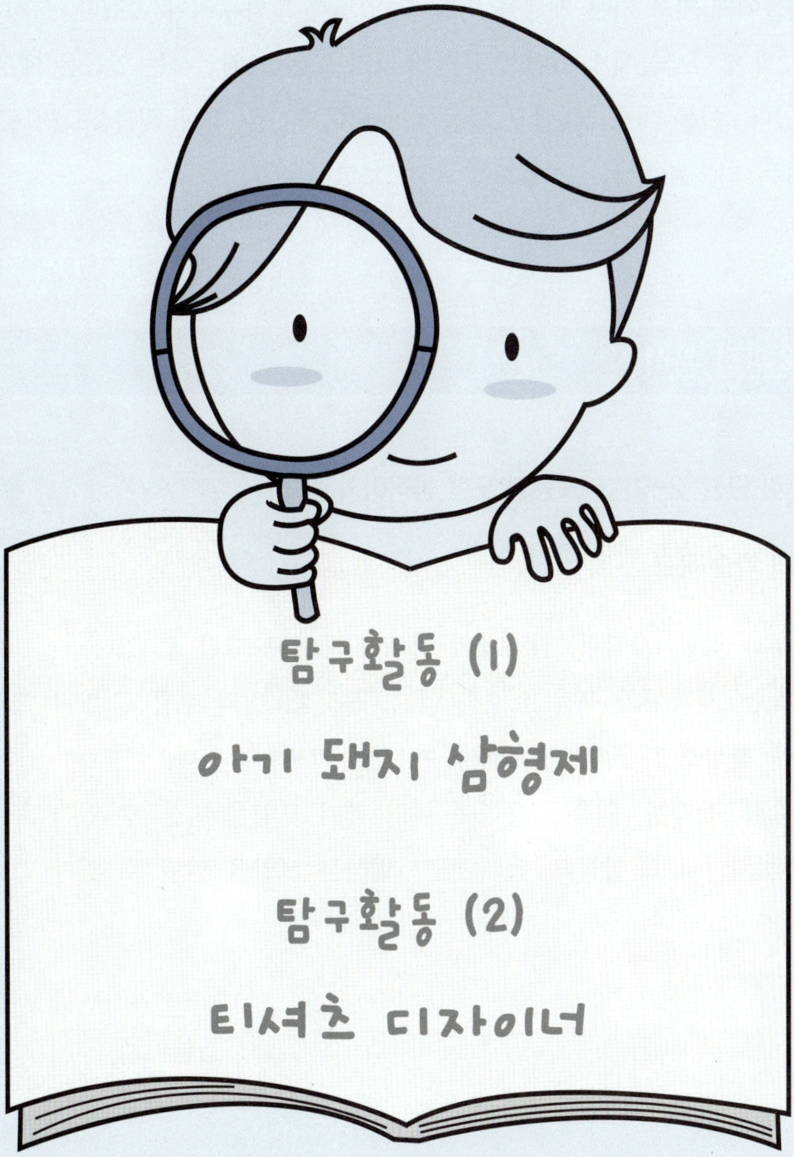

1 탐구 활동 개요

이 탐구 활동에서는 여러 가지 기본 도형이 가지고 있는 요소들의 이름과 도형의 이름을 도입하는 활동이 다양하게 들어가 있다. 단순히 도형을 보고 읽는 것에서 멈추는 것이 아니라, 도형이 가진 성질을 구체적으로 알고 그 다음에 개념을 도입하는 활동을 통하여 2학년 학생들에게 기초 기본 개념을 익힐 수 있도록 도와주어야 하겠다. 특히 공간 감각이 부족한 2학년 학생들에게 있어서 규칙에 따라 도형을 배열하는 활동은 매우 중요하다고 할 수 있다. 이를 위해 본 탐구 활동에서는 디자인을 직접 해봄으로써 공간 감각을 기를 수 있는 기초를 만들 수 있도록 꾸며 보았다.

2 교육과정 분석

[1] 학년 및 단원: 2-가 3. 도형과 도형 움직이기

[2] 단원의 학습 목표

① 선분과 직선, 사각형, 삼각형의 차이점을 알고 그릴 수 있다.
② 삼각형, 사각형의 구성 요소를 알고, 꼭짓점, 변의 수를 구할 수 있다.
③ 원을 찾아보고 구체물을 이용하여 원을 그릴 수 있다.
④ 사각형, 삼각형, 원을 이용하여 여러 가지 모양을 만들 수 있다.
⑤ 구체물을 밀고, 뒤집고, 돌려 보고 변하는 모양을 말할 수 있다.

[3] 학습의 흐름

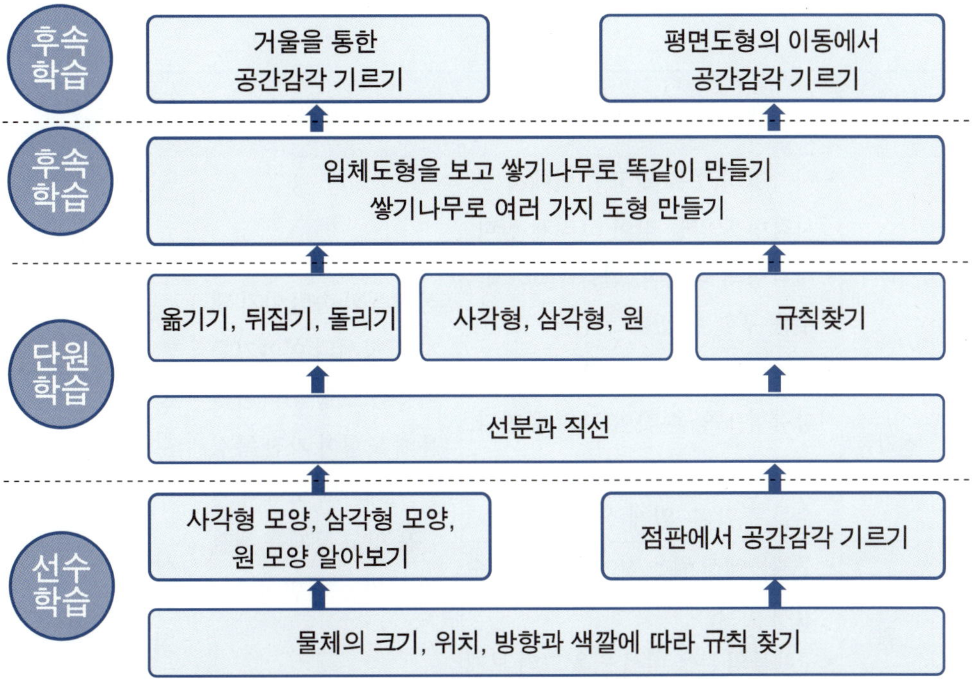
후속 학습
거울을 통한 공간감각 기르기
평면도형의 이동에서 공간감각 기르기
후속 학습
입체도형을 보고 쌓기나무로 똑같이 만들기
쌓기나무로 여러 가지 도형 만들기
단원 학습
옮기기, 뒤집기, 돌리기
사각형, 삼각형, 원
규칙찾기
선분과 직선
선수 학습
사각형 모양, 삼각형 모양, 원 모양 알아보기
점판에서 공간감각 기르기
물체의 크기, 위치, 방향과 색깔에 따라 규칙 찾기

3 탐구 활동의 전개 계획

<table>
<tr><th>활동명</th><th>주제</th><th>수업 내용 및 활동</th><th>활동내용</th><th>수학
원리</th><th>관련
영역</th><th>관련
단원</th></tr>
<tr><td rowspan="3">아기
돼지
삼형제</td><td>사각형</td><td>• 사각형의 뜻을 알고 주변에서 사각형 모양을 찾아 그리게 한다.
• 사각형의 꼭짓점, 변을 알고 그 수를 구할 수 있게 한다.</td><td rowspan="3">전래 동화 속의 아기 돼지 삼형제의 이야기를 이용한 도형 이야기를 통해 도형이 가진 특징을 이해하고 도형의 이름을 알고 문제를 해결해 나가는 체험이다.</td><td rowspan="4">삼각형
사각형
원
규칙찾기</td><td rowspan="4">도형</td><td rowspan="4">2-가
3. 도형과 도형 움직이기</td></tr>
<tr><td>삼각형</td><td>• 삼각형의 뜻을 알고 주변에서 삼각형 모양을 찾아 그리게 한다.
• 삼각형의 꼭짓점, 변을 알고 그 수를 구할 수 있게 한다.</td></tr>
<tr><td>원</td><td>• 구체물에서 원을 찾아보고 말할 수 있게 한다.
• 구체물의 본을 떠서 원을 그려 보게 한다.</td></tr>
<tr><td>티셔츠
디자
이너</td><td>모양
옮기기
모양
뒤집기
모양
돌리기</td><td>• 구체물을 밀어보고 움직이는 과정과 모양 변화에 대해 말하게 한다.
• 구체물을 뒤집어 보고, 뒤집기 전과 뒤집고 난 후의 모양 변화에 대해 말하게 한다.
• 구체물을 돌려 보고, 돌리기 전과 돌리고 난 후의 모양 변화에 대해 말하게 한다.</td><td>여러 가지 배운 도형을 이용하여 밀고, 뒤집고, 돌리면서 생기는 무늬를 이용하여 티셔츠를 디자인하는 활동을 통해 기하학적인 무늬의 아름다움을 느낄 수 있다.</td></tr>
</table>

4 탐구 활동의 실제

2－2)－(1)

도형아 놀자!

아기돼지 삼형제

학습주제 이야기 속 상황을 통하여 여러 가지 도형의 특징과 이름을 안다.

학습목표 삼각형, 사각형, 원의 특징과 모양을 말할 수 있다.

교수모형 개념 형성 수업 모형

활용매체 아기돼지 삼형제 이야기 PPT 자료

준 비 물 여러 가지 도형의 특징을 나타내는 생활 도구들

원리탐구단계	이렇게 지도하세요
범례 제시하기	• 아기 돼지 삼형제의 이야기를 들려주기 • 삼형제가 길이 달라지는 삼거리에서 가야하는 각자 길의 규칙 확인하기
범례들을 분류하기	• 형제가 갈라지는 삼거리에서 가지고 있는 물건 나누기 ▶ **활동지 2-2)-(1)** - 물건을 비슷한 것끼리 모을 수 있을지 이야기 나눈다. - 비슷한 것끼리 나누는 기준은 무엇이 있을지 이야기 나눈다. ※ 다양한 기준으로 물건을 나눌 수 있도록 폭넓게 허용하되 점점 삼각형 모양, 사각형 모양, 원 모양으로 분류할 수 있도록 질문하고 힌트를 주어 이끌어낸다. • 형제가 각자의 길로 들어서서 만나는 사람에게 사는 물건의 공통점 찾기 - 첫째/둘째/셋째 돼지가 만난 상인이 파는 물건과 첫째/둘째/셋째 돼지가 가지고 있는 것의 공통점은 무엇일지 발표하도록 한다. ※ 예시 답안 : 첫째 돼지가 산 것은 네모 모양 벽돌, 둘째 돼지가 산 것은 세모 모양 벽돌이다. 셋째 돼지가 산 벽돌은 동그란 모양 벽돌이다. 등
공통의 성질 추상화하기	• 자신이 가지고 온 물건을 세 그룹으로 분류해보기 • 몇 개의 선분으로 둘러싸여 있는지 확인하기 - 형제가 산 벽돌의 모양은 몇 개의 선분으로 둘러싸여 있는지 말해보게 한다. ※ 원에는 선분이 없음을 아동 스스로 확인할 수 있도록 한다.
개념도입하기	• 선분의 개수에 따라 이름을 붙여보기 ※ 예시 답안- 선분이 3개로 둘러싸여 있으면 삼각형, 선분이 4개로 둘러싸여 있으면 사각형입니다. 선분이 아닌 동그란 모양을 본떠 그린 것은 원이라고 합니다.
개념 익히기	• 삼각형, 사각형, 원의 도형을 보고 특징과 비슷한 물건 찾기

2 – 2) – (1)

도형아 놀자!

아기돼지 삼형제

학년　　반　　번

이름

※ 선생님이 들려준 아기돼지 삼형제 이야기를 생각하며 자신이 가져온 물건을 돼지 삼형제의 벽돌모양과 비슷한 것으로 나누어 보세요.

나는 네모 모양의 벽돌을 샀어.

책, 자, 공책 등

우리는 이것을 사각형 이라고 부릅니다.

나는 세모 모양의 벽돌을 샀어.

세모 모양 지우개, 삼각자, 조각피자 상자 등

우리는 이것을 삼각형 이라고 부릅니다.

나는 동그란 모양의 벽돌을 샀어.

두루마리 휴지를 위에서 본 모양,
CD, 은박접시, 컵 등

우리는 이것을 원 이라고 부릅니다.

2－2)－(2)

도형아 놀자!

티셔츠 디자이너

학습주제 구체물은 밀고 뒤집고 돌리는 과정에서 규칙을 알고 변화 찾기

학습목표 도형을 밀기, 뒤집기, 돌리기 하여 티셔츠를 디자인할 수 있다.

교수모형 문제 해결 수업 모형

활용매체 실물화상기

준 비 물 흰 티셔츠, 여러 가지 구체물 도형, 종이 인형, 색연필, 자, 연필, 여러 가지 구체물 도형, 삼각자, 도형 본 뜬 두꺼운 종이

원리탐구단계	이렇게 지도하세요
문제를 이해하기	※ 처음으로 나오는 공간 감각을 익히기 위한 단원이므로 문제의 이해 단계에서 충분한 시간을 투자하여 기초 개념을 익힐 수 있도록 하여야겠다. 특히 밀기, 뒤집기, 돌리기 상황에서 생기는 변화를 알고 서로의 느낌과 발견한 것을 자유롭게 이야기하는 시간을 여유롭게 가지면 좋다. • 다양한 상황에서의 밀기, 뒤집기, 돌리기를 확인하기 - 삼각자를 여러 방향으로 밀면 어떤 변화가 생기는지 이야기 해본다. ※ 예시 답안 : 모양은 변하지 않으나 위치가 바뀝니다. - 주어진 종이 인형을 뒤집으면 어떤 변화가 생기는지 이야기 해본다. ※ 예시 답안 : 모양은 변하지 않으나 거꾸로 됩니다. 뒤집는 방향에 따라 거꾸로 되는 방향이 달라집니다. - 주어진 사각형 카드를 돌리면 어떤 변화가 생기는지 이야기 해본다. ※ 돌리는 방향과 돌리는 정도에 따라서 달라지기 때문에 충분한 시간을 두고 돌렸을 때 나타나는 변화를 알 수 있도록 한다. • 삼각형, 사각형, 원으로 디자인 되어 있는 기하학적인 티셔츠를 실물로 제시하기 - 사용한 도형은 어느 것일지 이야기 해본다. - 티셔츠에 사용된 디자인은 어떻게 만들어졌을지 발표하게 한다. ※ 배운 것(밀기, 돌리기, 뒤집기)을 바탕으로 추리 할 수 있도록 질문을 통해 이끈다.
해결 계획 수립하기	• 티셔츠 디자인 계획하기 ▶ **활동지 2-2)-(2)** - 직접 디자이너가 되어 티셔츠 무늬를 디자인해본다.

원리탐구단계	이렇게 지도하세요
해결 계획 수립하기	※ 배운 것(밀기, 돌리기, 뒤집기) 중에서 한 가지만 택하고 택한 방법으로만 디자인을 할 수 있도록 하며 이해를 돕기 위하여 이런 방법으로 디자인한 티셔츠 모형을 제시하여 설명한다. - 어떻게 하면 아름다운 무늬가 생길 수 있게 디자인 할 수 있을지 이야기 나눈다. ※ 예시 답안 : 규칙을 지켜 디자인을 하고, 아름다움을 생각하며 겹치게 그릴 수 있습니다. ※ 사용하는 도형은 미리 본을 떠서 제공하도록 하여 그리는 시간을 줄이면 더욱 좋을 수 있다.
해결 계획을 실행하기	• 다양한 도형을 사용하여 티셔츠를 디자인 직접 해보기 • 디자인한 무늬 위에 아름답게 색칠해 보기 ※ 겹치는 부분에는 다른 색깔을 칠하여 심미적으로 아름답게 꾸밀 수 있도록 한다.
반성하기	• 자신이 디자인한 티셔츠 무늬 설명하기 • 친구들의 디자인을 보고 잘된 점을 찾아 이야기하기 - 친구들이 사용한 도형의 이름을 말해보고, 잘된 것을 심미적인 관점 뿐 아니라 어떤 규칙을 사용하였는지에 관해 이야기를 할 수 있도록 한다.

참고 : 돌리기 학습시 사용할 종이 인형

도형아 놀자!

2-2)-(2)

티셔츠 디자이너

학년 반 번

이름

※ 디자이너가 되어 규칙에 따라 아름다운 티셔츠 무늬를 만들어 보세요.

★ 규칙과 선택 ★

1. 밀기, 뒤집기, 돌리기 중에서 **하나만** 선택하세요.
   ★내가 선택한 것 → (돌리기)
2. 삼각형, 사각형, 원 중에서 사용할 도형을 정하세요.
   ★내가 선택한 것 → (사각형, 삼각형)
   → 모두 사용해도 좋습니다.

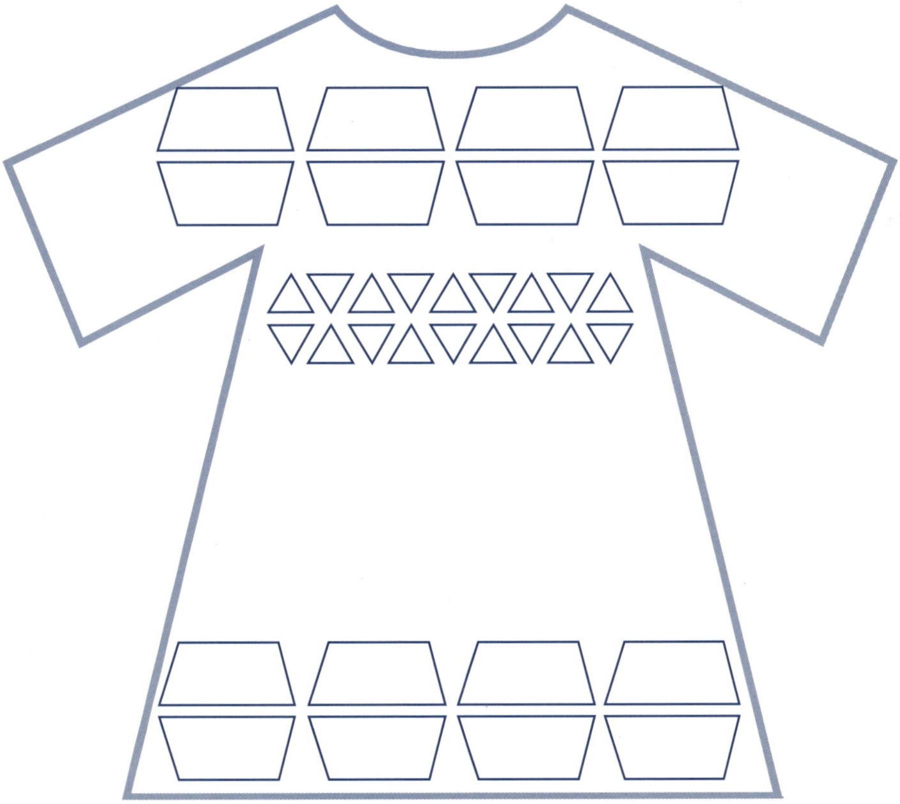

B4종이로 인쇄하여 사용하세요.

2-3)

같은 숫자 다른 의미

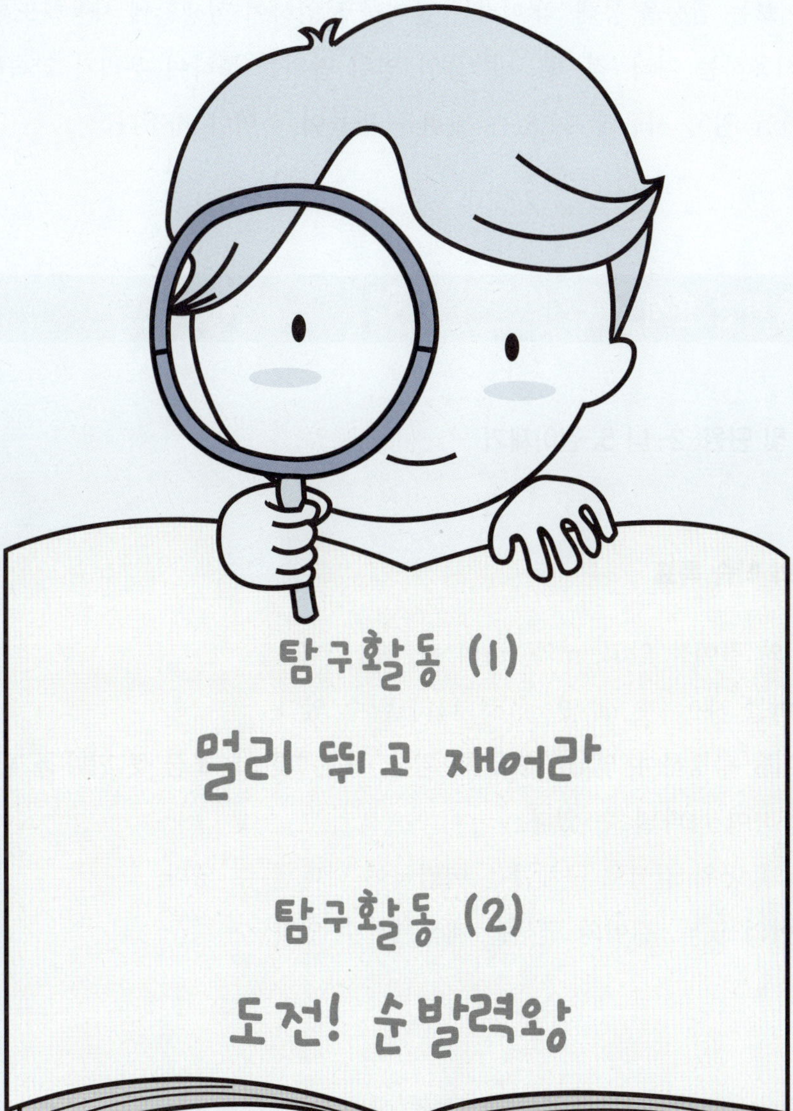

1 탐구 활동 개요

단순히 cm에서 m로 환산하여 나타내는 기계적인 수학 원리 탐구를 지양하고 아동의 양감을 어림잡아 느낄 수 있는 기회를 제공하는데 중요한 단원이다. 직접 체험을 통하여 cm와 m와의 관계를 알 수 있도록 하고 특히 단위 길이인 1m를 어림잡아 여러 사물의 길이를 재어보는 활동을 통해 '약'이라는 단어를 도입하여 실생활에 사용하도록 한다. 실생활에서 사용하는 여러 '척, 뼘, 발' 등의 임위 단위를 통하여 우리가 약속하는 cm와 m의 편리함을 알고 사용할 수 있는 발판을 만들어 주어야 하겠다.

2 교육과정 분석

[1] 학년 및 단원: 2-나 5. 길이재기

[2] 단원의 학습 목표

① 1m의 길이를 알고, m와 cm의 관계를 안다.
② 길이를 재어 '몇 m 몇 cm'로 나타낼 수 있다.
③ 길이를 측정하여 '몇 cm 조금 더 된다.' 또는 '몇 cm 조금 못 된다'를 '약 몇 cm'를 이용하여 나타낼 수 있다.
④ 1m의 단위 길이로 구체물을 어림하여 나타낼 수 있다.
⑤ 길이의 덧셈, 길이의 뺄셈을 계산 할 수 있다.

[3] 학습의 흐름

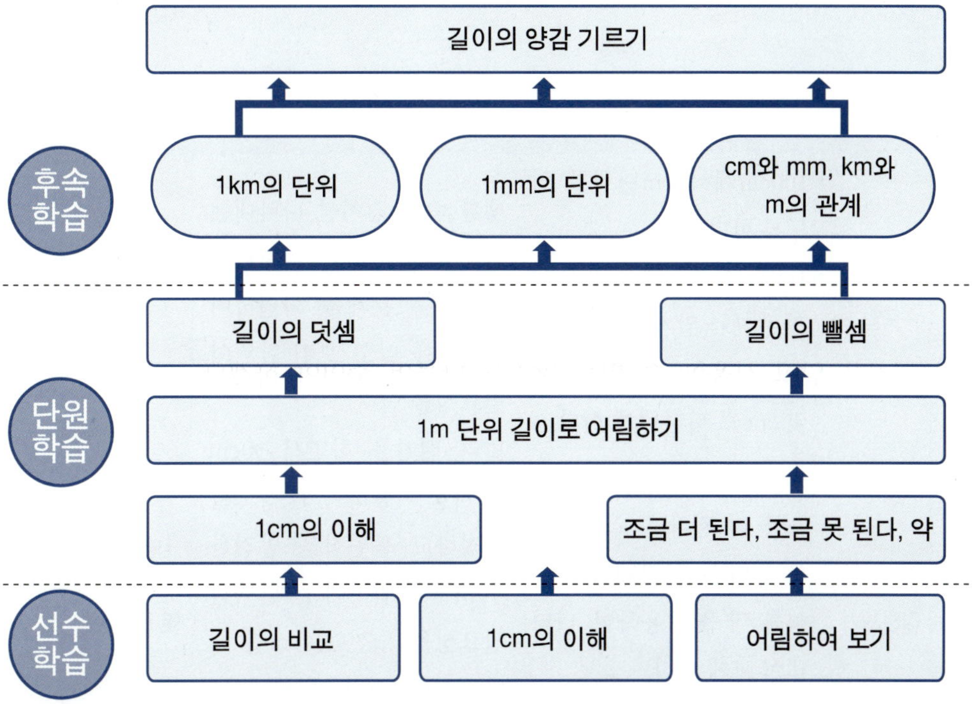
길이의 양감 기르기
후속 학습
1km의 단위
1mm의 단위
cm와 mm, km와 m의 관계
단원 학습
길이의 덧셈
길이의 뺄셈
1m 단위 길이로 어림하기
1cm의 이해
조금 더 된다, 조금 못 된다, 약
선수 학습
길이의 비교
1cm의 이해
어림하여 보기

3 탐구 활동의 전개 계획

<table>
<tr><th>활동명</th><th>주제</th><th>수업 내용 및 활동</th><th>활동내용</th><th>수학 원리</th><th>관련 영역</th><th>관련 단원</th></tr>
<tr><td rowspan="2">멀리 뛰고 재어라</td><td>1m의 도입</td><td>• 100cm에서 1m단위를 알도록 한다.
• 1m를 이해하고 100cm와의 관계를 알게 한다.
• 1m가 넘은 길이를 '몇 m 몇 cm'로 나타내게 한다.</td><td rowspan="2">생활 속의 길이를 나타내는 단위를 살펴보고 이것으로 생겨나는 문제를 확인하며 불편함을 알고 보편 단위의 필요성을 안다.
멀리 뛰기를 하면서 30cm의 자를 이용하여 뛴 정도를 측정하고 불편함을 발견한 후 m를 도입하여 큰 단위의 필요성을 느낀다. cm를 m와 cm로, m와 cm를 m로 나타내는 방법을 안다.</td><td rowspan="3">1m
몇 m
몇 cm</td><td rowspan="3">측정</td><td rowspan="3">2-나
5. 길이 재기</td></tr>
<tr><td>길이재기</td><td>• cm자로 측정하여 '~cm 조금 더 된다' '~cm 조금 못 된다'로 나타내었던 길이를 '약'을 이용하여 나타내어 보게 한다.
• 길이를 재어 측정값으로 나타내어 보게 한다.</td></tr>
<tr><td>도전! 순발왕</td><td>어림하여 알아보기</td><td>• 1m를 단위 길이로 양감을 기르도록 한다.
• 구체물을 어림하여 보고, 또 실제로 재어 보게 한다.</td><td>막대기를 이용하여 게임을 하고 '조금 더 된다' '조금 못 된다'를 사용하여 '약'이라는 표현을 사용한다. 또한, 길이와 관련하여 어림하는 활동을 한다.</td></tr>
</table>

4 탐구 활동의 실제

2-3)-(1)

같은 숫자 다른 의미

멀리 뛰고 재어라

학습주제 멀리뛰기를 하고 난 기록을 m와 cm를 사용하여 나타낸다.

학습목표 m의 길이를 알고, m와 cm로 길이를 재어 나타낼 수 있다.

교수모형 원리 탐구 수업 모형

활용매체 운동장 수업으로 활용 매체 없음

준비물 개인 명단 표(기록표로 사용), 30cm 자(개인별), 줄자(개인별)

원리탐구단계	이렇게 지도하세요
새로운 문제상황제시	• 운동장에 있는 철봉이나 정글짐의 길이 등 여러 가지 길이를 재어보기 • 멀리 뛰기를 순서에 따라 한 번씩 뛴 후 누가 멀리 뛰었는지 말해보기 ※ 뛰기만 하고 측정을 하지 않도록 한다. 그리고 아동에게 최고 기록을 어떻게 알아낼지 동기유발을 한다.
수학적 원리의 필요성 인식	• 길이를 재는 측정 기구가 필요함을 알기 - 측정기구는 30cm의 자를 이용하되 그 보다 더 짧은 자도 역시 사용할 수 있도록 인정한다. • 길이를 재는 측정 기구가 없다면 우리 생활이 어떻게 되었을지 생각해보기
학습할 원리가 내재된 조작활동	• 친구가 멀리 뛴 거리를 자신의 자를 이용하여 측정하기 ▶ **활동지 2-3)-(1)** - 시간이 오래 걸릴 수 있으므로 대표 어린이 몇 명만을 측정하고, 여러 가지 자를 사용하여 재는데, 각자의 측정 결과가 다른 것은 모두 기록한다. 측정하면서 불편함을 느끼게 될 때 다음 학습으로 넘어가고 줄자를 준비한다. • 긴 줄자를 이용하여 측정하기 - 긴 줄자를 사용할 때와 30cm이하의 자를 사용하여 길이를 잴 때의 차이를 알고 어느 것이 더 편리한지 이야기 해보도록 한다.

원리탐구단계	이렇게 지도하세요
수학적 원리의 형식화	• cm보다 더 큰 단위가 필요함을 느끼도록 유도하기 • 주변에 1m이상이 되는 물건의 여러 길이를 재어보고 m와 cm로 나타내게 한다. ※ 120cm는 1미터보다 20cm가 더 길기 때문에 1m 20cm라고 쓰고 읽는 방법도 반드시 지도한다. (1미터 20센티미터)
익히기 및 적용하기	• 여러 가지 숫자를 통하여 단위를 익히기(운동장 수업 후 교과서로 정리한다) - 여러 가지 길이를 cm로 바꾸고 cm단위를 m와 cm를 이용하여 자유롭게 바꿔 쓸 수 있도록 익숙해 질 때까지 연습한다.

같은 숫자 다른 의미

2 – 3) – (1)

멀리 뛰고 재어라

학년 반 번

이름

1. 멀리 뛰기를 한 후 자신이 잰 거리를 적어 보세요.

뛴 사람	민 수	영 주	혜 원	소 연
거리	110 cm	83 cm	100 cm	70 cm

2. 위에서 한 활동에서 불편한 점이 있었다면 어떤 것이었나요?

- 자가 짧아서 여러 번 재어야 한다.
- 각각 다른 자를 사용했기 때문에 같은 거리라도 친구와 다른 답이 나올 수 있다. 등

3. 100cm를 (1 m) 라고 쓰고 (일 미터) 라고 읽습니다.

4. 다음을 보고 cm를 m와 cm로, m와 cm를 cm로 바꾸어 나타내 보세요.

① 120 cm = (1)m (20)cm

② 370 cm = (3)m (70)cm

③ 2m 40cm = (240)cm

④ 4m 10cm = (410)cm

2 – 3) – (2)

같은 숫자 다른 의미

도전! 순발력왕

학습주제 막대기를 이용한 게임을 통해 '약'을 사용한 어림잡기

학습목표 잰 길이를 '약 몇 cm'로 표현하여 나타낼 수 있다.

교수모형 문제 해결 수업 모형

준 비 물 키 재는 기구, 연필, 미니북, 빅북, 막대기 (2인당 1개), 눈금이 5mm마다 있는 자 (30cm이하)

활용매체 교수용S/W, 실물화상기

원리탐구단계	이렇게 지도하세요
동기 유발	• 과자 상자의 길이 알아보기 • 친구들의 키 재어보기 • 교실에 있는 물건 재어보기 ※ 눈금이 5mm인 자를 이용하는 이유는 대부분의 아동은 mm단위를 모르기 때문에 cm사이에 있는 눈금을 읽는 상황에서 어림잡아야 하는 상황을 맞아 '더 된다', '덜 된다'라는 표현을 자연스럽게 쓰기 위해서이다.
문제를 이해하기	• 길이가 다른 연필을 보고 어느 것이 더 길 것 같은지 찾기 • 미니북과 빅북 중 세로 길이를 보고 어느 것이 더 긴지 찾기 ※ 이해하기 쉽도록 생활 속 물건을 보고 직감적으로 길고 짧음을 쉽게 찾을 수 있는 물건으로 제시한다. • 길이가 비슷한 연필을 제시하고 길이를 재어보기 ※ 직감적으로 알 수 없는 미묘한 차이의 길이를 제시한다. • 2인1조가 되어 호루라기 소리를 듣고 막대기를 떨어뜨리면 바로 막대기를 잡기 - 잡은 부분이 떨어지는 쪽의 막대기의 끝과 가까울수록 순발력이 좋은 것이므로, 막대기 끝과 손 사이의 거리를 재어 순발력왕을 뽑는다.
해결 계획을 수립하고 실행하기	• 순발력왕을 뽑기 위해 막대기 끝과 손에 잡힌 곳과의 거리를 자를 사용하여 재기. • 몇 cm사이에 있는 것은 '몇 cm에서 조금 더 된다'혹은 '몇 cm에서 조금 못 된다' 라는 표현을 사용하여 나타내기. - '조금 더 된다' '조금 못 된다'라는 표현은 간단히 '약'으로 말할 수 있음을 말해준다.
반성하기	• 순발력왕을 뽑기 위해 재었던 길이를 정확하게 잴 수 없었던 이유 말해보기 • 자 없이 길이를 말해보고(어림하기) 자를 사용하여 확인하고 가장 가까운 근사치를 말한 사람에게 점수 주기 ※ 다양한 게임을 통하여 '순발력왕', '어림잡기 왕' 등을 뽑아 흥미를 돋우어 참여하게 하여 수학적 원리를 깨닫게 한다.

2-4)

한 눈에 다 보여요

1 탐구 활동 개요

본 탐구 활동은 표나 그래프로 나타내었을 때 편리함을 알고 생활 속에서 많이 접하는 표와 그래프를 친숙하게 다룰 수 있도록 하는 체험활동이다. 이때, 통계 자료는 2학년의 수준에 맞게 간단한 도형으로 표현을 할 수 있고, 통계 주제는 아동들이 좋아하는 것과 관련된 재미있는 소재를 위주로 고를 수 있다. 특히 표를 가지고 해석하고 그래프로 나타낼 수 있는 기초 기능을 길러주기에 적합한 주제이므로 관심을 가지고 흥미를 느낄 수 있는 주제와 활동으로 체험할 수 있도록 해야 하겠다.

2 교육과정 분석

[1] 학년 및 단원: 2-나 6. 표와 그래프

[2] 단원의 학습 목표

① 생활 속에서 필요한 통계 자료를 조사하여 수집할 수 있다.
② 수집된 통계 자료를 알맞게 분류하여 표로 만들고 해석할 수 있다.
③ 통계 자료를 간단한 그래프로 나타내고 해석할 수 있다.
④ 생활 속에서 활용되는 여러 가지 표나 그래프를 수집하여 살펴보고, 표와 그래프의 편리함을 안다.

[3] 학습의 흐름

후속 학습
- 막대그래프로 나타내기

단원 학습
- 표와 그래프를 보고 여러 가지 알아보기
- 표를 보고 그래프 그리기
- 자료를 분류, 정리하여 표로 나타내기

선수 학습
- 분류하여 세어 보기
- 기준에 따라 분류하기

3 탐구 활동의 전개 계획

활동명	주제	수업 내용 및 활동	활동내용	수학 원리	관련 영역	관련 단원
한눈에 다 보여요	그래프 그리기	• 좋아하는 과일을 조사한 자료를 보고 표로 나타내고 그래프를 그리게 한다. • 우리 반 학생들이 가장 좋아하는 계절을 조사하여 표로 나타내고 그래프를 그리게 한다. • 만든 표와 그래프를 보고 여러 가지 통계적 사실을 알아보고 표와 그래프의 편리함을 알게 한다.	처음에는 범위가 많이 나오지 않는 혈액형 조사에서 시작하여 점점 범위가 많아지는 답이 나올 수 있는 조사를 통해 표를 작성하고 그것을 바탕으로 그래프를 직접 나타내면서 한 눈에 통계 상황이 들어 올 수 있는 경험을 제공한다.	표 그래프	확률과 통계	2-나 6. 표와 그래프

4 탐구 활동의 실제

2-4)-(1)

한 눈에 다 보여요

한 눈에 다 보여요

학습주제 간단한 조사를 하고 표를 보며 그래프로 나타내어 본다.

학습목표 표를 보고 간단한 모양으로 그래프를 나타낼 수 있다.

교수모형 문제 해결 수업 모형 **준 비 물** 별표 스티커

활용매체 플루토로 뽑은 그래프 차트

원리탐구단계	이렇게 지도하세요
문제를 이해하기	• 친구들의 혈액형을 조사하기 - 우리 반 친구들의 혈액형의 종류는 모두 몇 개 인지 이야기 해보게 한다. - 혈액형을 알아보기 쉽게 표로 나타내어 보도록 한다. ※ 혈액형으로 도입하는 이유는 혈액형이 4가지 종류로 한정되어 있어서 간단하게 표, 그래프를 그릴 수 있다. • 표를 보고 여러 가지 알 수 있는 내용을 알아보기 - 가장 많은 혈액형은 무엇인지 말해보게 한다. - 가장 적은 혈액형은 몇 명인지 말해보게 한다.
해결 계획을 수립하기	• 표를 바탕으로 그래프로 나타내 보기 ▶ **플루토로 뽑은 그래프 차트 2-4)-(1)-게시용** - 자신이 해당되는 혈액형 위에 스티커를 붙여 보게 한다. ※ 직접 플루토로 뽑은 큰 그래프에 자신의 혈액형에 스티커를 붙일 수 있도록 하고, 스티커는 자신과 같은 혈액형을 가진 친구가 붙인 것의 위 칸 안에 들어가도록 붙이게 설명한다. • 그래프를 보고 여러 가지 알 수 있는 내용을 알아보기 - 가장 많은 혈액형은 무엇인지 이야기 해보게 한다. - 가장 적은 혈액형은 몇 명인지 이야기 해보게 한다. - 가장 많은 혈액형과 가장 적은 혈액형의 차이는 얼마인지 이야기해 보게 한다. • 혈액형과 관련된 표와 그래프를 함께 보고 어떤 점이 좋은지 말해보기 - 표와 그래프를 사용하면 어떤 점이 좋은지 발표하도록 한다. ☞ 그래프의 장점: 한 눈에 항목 간의 수량적 차이를 비교할 수 있습니다.

원리탐구단계	이렇게 지도하세요
해결 계획을 수립하기	• 무엇을 조사하여 표와 그래프로 나타낼 수 있는지 말해보기 아동이 관심 있어 하는 것을 중심으로 조사하고 싶어 하는 것을 선택하여 직접 조사할 수 있도록 하고 미리 제작하는 활동지와 플루토로 뽑은 표는 채우는 곳을 비워두고 학습 내용에 따라 적는다.
해결 계획을 실행하기	• 가장 조사하고 싶어 하는 주제를 바탕으로 직접 조사하기 ▶ **활동지 2-4)-(1)** - 자신의 모둠이 속해 있는 분단 친구 모두를 직접 조사하여 조사표를 완성하게 한다. ※ 조사표는 이름과 항목을 적는 곳이 비어있는 것을 주고, 같이 '이름'과 각 항목의 제목을 채우고 직접 묻고 다니며 조사를 시작한다. ※ 답할 때에는 친구들에게 일관되게 같은 것을 말할 수 있도록 미리 지도한다. • 조사한 것을 바탕으로 표를 작성하여 보기 - 표에 조사한 것을 바탕으로 통계를 내어 숫자와 항목을 적어보게 한다. • 조사한 것을 바탕으로 전체 학급 표를 작성하여 보기 - 자신이 조사한 것을 바탕으로 전체 학급 표를 작성하려면 어떻게 해야 하는지 발표하게 한다. - 자신이 조사한 것과 각 분단의 한 명의 친구의 것을 모두 합쳐서 작성한다. - 자신이 조사한 것과 다른 점은 무엇인지 비교해보게 한다. ※ 예시 답안: 전체를 나타내는 '계'가 달라집니다. • 작성한 표를 바탕으로 전체 학급 통계인 그래프를 작성하여 보기 ▶ **활동지 2-4)-(1) 게시용** - 간단하게 O를 이용하여 칸을 채운다. - 가장 아래 줄의 각 칸에는 무엇이 들어가야 하는지 말해보게 한다. ※ 예시 답안: 가로칸에는 조사한 항목의 이름이, 세로칸에는 학생 수가 들어가야 한다. ※ 게시용 활동지는 플루토로 크게 뽑아 교실 한 면에 붙여두고 활용한다. - 학생 수 위의 칸에는 무엇이 들어가야 하는지 말해보기 ※ 예시 답안: 조사한 학생이 나타낼 수 있는 최대값 이상의 숫자가 들어가야 한다.
반성하기	• 활동으로 알게 된 점 발표하기 - 조사한 것을 그래프로 나타내면 어떤 점이 좋은지 말해보게 한다. - 조사를 하면서 어떤 점이 좋았는지 발표하게 한다. - 수업을 통해 알게 된 점은 무엇이 있는지 이야기 해보게 한다. - 더 조사해보고 싶은 것은 무엇이 있는지 발표하게 한다.

한 눈에 다 보여요

2－4)－(1)

(게시용) 한 눈에 다 보여요

학년 반 번

이름

20						
19						
18						
17						
16						
15						
14						
13						
12						
11	☆					
10	☆					
9	☆					
8	☆	☆				
7	☆	☆				
6	☆	☆				
5	☆	☆		☆		
4	☆	☆		☆		
3	☆	☆	☆	☆		
2	☆	☆	☆	☆		
1	☆	☆	☆	☆		
학생 수(명) / 혈액형	A	B	AB	O		

(플루토로 크게 뽑아 사용 합니다.)

2-4)-(1)

한 눈에
다 보여요

한 눈에 다 보여요

학년 반 번

이름

< 개인 조사표 >

조사할 주제 (우리반 친구들이 가장 좋아하는 과일(한 가지만 선택하기))

과일 이름	사과	배	포도	딸기	수박	오렌지
영미			○			
지연				○		
현민			○			
준기						○
혜원				○		
은경	○					
은주		○				
나라		○				
미진					○	
민규			○			
상현			○			

(주제에 맞게 가장 위 칸을 먼저 채우고 친구가 해당하는 것에 동그라미를 그리며 조사활동을 합니다.
표의 칸 수는 더 늘릴 수도 있고 줄일 수도 있습니다.)

조사한 것을 바탕으로 표를 완성하여 봅시다.

조사한 주제 (우리반 친구들이 가장 좋아하는 과일(한가지만 선택하기))

	사과	배	포도	딸기	수박	오렌지	계
학생 수	1	2	4	2	1	1	11

한 눈에 다 보여요

2－4)－(1)

(게시용) 한 눈에 다 보여요

학년 반 번

이름

학생 수(명) / 과일	사과	배	포도	딸기	수박	오렌지
20						
19						
18						
17						
16						
15						
14						
13						
12						
11						
10						
9						
8			☆			
7			☆			
6		☆	☆			
5		☆	☆	☆		
4		☆	☆	☆		
3	☆	☆	☆	☆	☆	
2	☆	☆	☆	☆	☆	☆
1	☆	☆	☆	☆	☆	☆

(플루토로 크게 뽑아 사용 합니다.)

Part III

수학 원리 탐구 프로그램 활동지

1학년 활동지

있다?!
없다?!

1 – 1) – (1)

있다?! 없다?!

학년 반 번
이름

1. 다음의 상황을 읽고 0이 발견된 후 좋은 점이 무엇인지 말해보세요.

★ 이야기 1

지금 우리가 살고 있는 현재를 나타내기 위하여 년, 월, 일을 사용하고 있습니다. 예를 들어 베이징 올림픽은 2008년 8월 8일에 시작하였습니다. 2008년 8월 8일에는 숫자 '0'이 있습니다. 그런데 숫자 '0'이 없었던 아주 옛날에는 어떻게 쓸 수 밖에 없을까요? 28년 8월 8일이 되었겠지요.

★ 이야기 2

300원으로 지우개를 사려고 합니다. 그런데 숫자 '0'이 없었던 아주 옛날이었다면 지우개는 3원이라고 할 수 밖에 없었겠군요. 3원으로는 지금 아무것도 살 수 없는 적은 돈인데 말이죠. 0이 하나 더 있는 3000원도 역시 3원이라고 할 수 밖에 없게 되는군요.

2. 빵의 갯수에 알맞은 숫자를 넣어보세요.

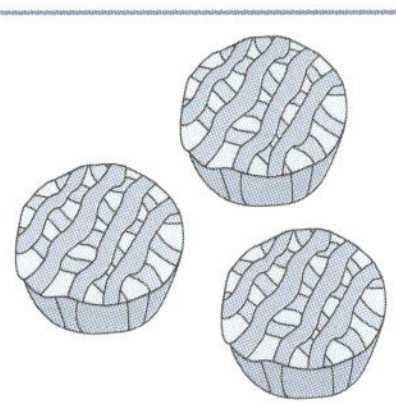	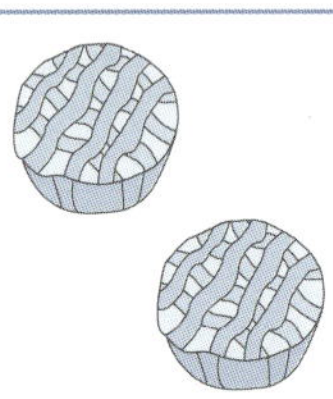		

3. 이렇게 읽고 씁니다.

사물이 하나도 없는 경우를 ☐ 이라 하고

☐ 이라고 읽습니다.

1-2)-(1)- ❶

하나, 둘, 셋!

3까지만 셀 수 있는 원시인 **로마**

학년 반 번

이름

1. 로마 사람들은 숫자를 어떻게 표현했는지 알아봅시다.

로 마	I	II	III	IV	V	VI	VII	VIII	IX	X

2. 로마 사람들의 숫자 표현법을 적어 봅시다. 빈칸에 알맞게 로마숫자를 쓰거나 그려보세요.

11	12	13	14	15	16	17	18	19	20
XI	XII				XVI		XVIII		XX

21	25	30	31	35	40
XXI		XXX		XXXV	

3. 주어진 그림을 세어 로마 숫자로 나타내어 보세요.

1번		2번	
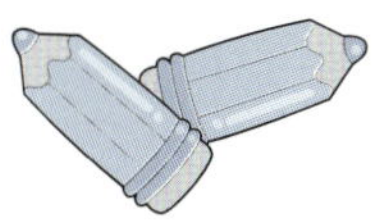		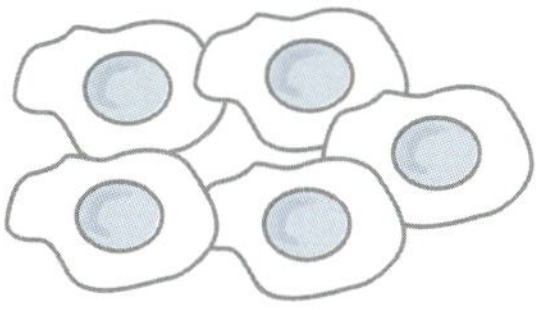	
3번		**4번**	

1-2)-(1)- ❷

하나, 둘, 셋!

3까지만 셀 수 있는 원시인 바빌로니아

학년 반 번
이름

1. 바빌로니아 사람들은 숫자를 어떻게 표현했는지 알아봅시다.

바빌로니아 (메소포타미아)	◀	▼	예 1) 14 = ◀▼▼▼▼
	10(십)	1(일)	예 2) 22 = ◀◀▼▼

2. 바빌로니아 사람들의 숫자 표현법을 적어 봅시다. 빈칸에 알맞게 바빌로니아 숫자를 쓰거나 그려보세요.

1	2	3	4	5	6	7	8	9	10
▼	▼▼				▼▼▼ ▼▼▼		▼▼▼ ▼▼▼ ▼▼		◀

11	15	20	21	35
◀▼		◀◀		◀◀◀▼▼▼▼▼

3. 주어진 그림을 세어 바빌로니아 숫자로 나타내어 보세요.

1번		2번	
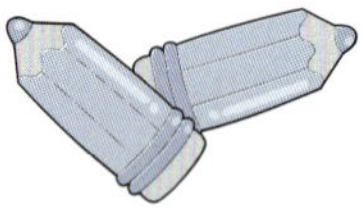		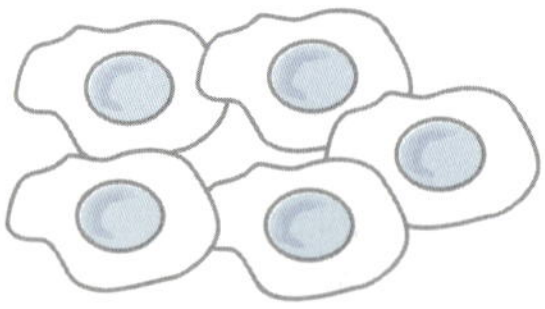	
3번		**4번**	

1-2)-(1)-❸

하나, 둘, 셋!

3까지만 셀 수 있는 원시인

바빌로니아에서 온 편지

학년 반 번

이름

★ 바빌로니아가 있던 아주 오래된 지역에서 편지가 발견되었습니다. 편지에 있던 내용 중 사람들이 알지 못하는 그림이 섞여있네요. 여러분들이 이 암호를 풀어주세요.

네르갈 보아라.

바빌로니아를 떠나 여행을 가는 길에, 집 대문에서  걸음 떨어진 곳에, 내가 개의 보따리를 숨겨놓았단다.

첫 번째 보따리에는  개의 옥구슬이 들었고,

두 번째 보따리에는 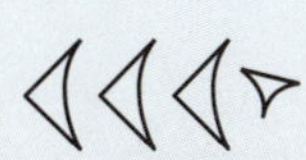 개의 금이 있단다.

세 번째 보따리에는  개의 동전을 넣어 두었으니 내가 없는 동안 급할 때 꺼내어 쓰렴.

네르갈 보아라.

바빌로니아를 떠나 여행을 가는 길에, 집 대문에서 ( ) 걸음 떨어진 곳에, 내가 ( )개의 보따리를 숨겨놓았단다.

첫 번째 보따리에는 ( )개의 옥구슬이 들었고,

두 번째 보따리에는 ( )개의 금이 있단다.

세 번째 보따리에는 ( )개의 동전을 넣어 두었으니 내가 없는 동안 급할 때 꺼내어 쓰렴.

1-2)-(1)- ❹

하나, 둘, 셋! 3까지만 셀 수 있는 원시인 **이집트**

학년	반	번
이름		

1. 이집트 사람들은 숫자를 어떻게 표현했는지 알아봅시다.

이집트	∩	|	예 1) 14 = ∩||||
	10(십)	1(일)	예 2) 22 = ∩∩||

2. 이집트 사람들의 숫자 표현법을 적어 봅시다. 빈칸에 알맞게 이집트 숫자를 쓰거나 그려보세요.

1	2	3	4	5	6	7	8	9	10
|	||				||| |||		|||| ||||		∩

11	15	20	21	35
∩|		∩∩		∩∩∩|||||

3. 주어진 그림을 세어 **이집트 숫자**로 나타내어 보세요.

1번		2번	
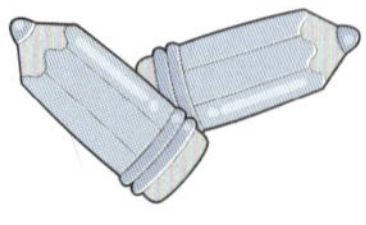		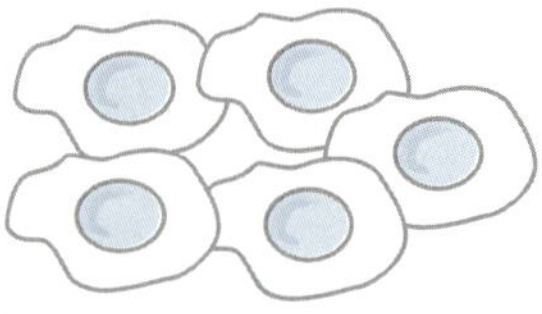	
3번		**4번**	

1-2)-(1)-⑤

하나, 둘, 셋!

3까지만 셀 수 있는 원시인 이집트에서 온 편지

학년 반 번

이름

★ 이집트가 있던 아주 오래된 지역에서 편지가 발견되었습니다. 편지에 있던 내용 중 사람들이 알지 못하는 그림이 섞여있네요. 여러분들이 이 암호를 풀어주세요.

호루스 보아라.

이집트를 떠나 여행을 가는 길에, 집 대문에서

∩∩||| 걸음 떨어진 곳에, 내가 ||| 개의

보따리를 숨겨놓았단다.

첫 번째 보따리에는 ∩|||||| 개의 옥구슬이 들었고,

두 번째 보따리에는 ∩∩∩| 개의 금이 있단다.

세 번째 보따리에는 ||||||| 개의 동전을 넣어

두었으니 내가 없는 동안 급할 때 꺼내어 쓰렴.

호루스 보아라.

이집트를 떠나 여행을 가는 길에, 집 대문에서

(　　) 걸음 떨어진 곳에, 내가 (　　)개의 보따

리를 숨겨놓았단다.

첫 번째 보따리에는 (　　)개의 옥구슬이 들었고,

두 번째 보따리에는 (　　)개의 금이 있단다.

세 번째 보따리에는 (　　)개의 동전을 넣어

두었으니 내가 없는 동안 급할 때 꺼내어 쓰렴.

1-2)-(1)- ⑥

하나, 둘, 셋!

3까지만 셀 수 있는 원시인 마야 문명

학년 반 번

이름

1. 마야 문명 사람들은 숫자를 어떻게 표현했는지 알아봅시다.

마야 문명	═	—	•	예1) 14 = •••• ═
	10(십)	5(오)	1(일)	예2) 8 = ••• —

2. 이집트 사람들의 숫자 표현법을 적어 봅시다. 빈칸에 알맞게 이집트 숫자를 쓰거나 그려보세요.

1	2	3	4	5	6	7	8	9	10
•	••			—	• —				═

11	12	15	18	19
• ═		≡		•••• ≡

3. 주어진 그림을 세어 마야 문명의 숫자 로 나타내어 보세요.

1번		2번	
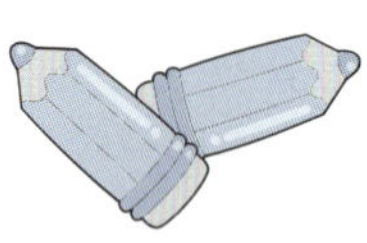		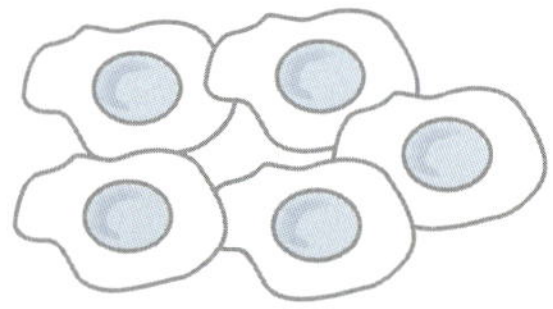	
3번		**4번**	

1-2)-(1)- ⑦

하나, 둘, 셋!

3까지만 셀 수 있는 원시인
마야 문명에서 온 편지

학년 반 번

이름

★ 마야 문명이 있던 아주 오래된 지역에서 편지가 발견되었습니다. 편지에 있던 내용 중 사람들이 알지 못하는 그림이 섞여있네요. 여러분들이 이 암호를 풀어주세요.

포피아스 보아라.

마야를 떠나 여행을 가는 길에, 집 대문에서

 걸음 떨어진 곳에, 내가 ●●● 개의 보따리를

숨겨놓았단다.

첫 번째 보따리에는  개의 옥구슬이 들었고,

두 번째 보따리에는  개의 금이 있단다.

세 번째 보따리에는 ●●●●● 개의 동전을 넣어

두었으니 내가 없는 동안 급할 때 꺼내어 쓰렴.

포피아스 보아라.

마야를 떠나 여행을 가는 길에, 집 대문에서

(　　) 걸음 떨어진 곳에, 내가 (　　)개의 보따리를 숨겨놓았단다.

첫 번째 보따리에는 (　　)개의 옥구슬이 들었고,

두 번째 보따리에는 (　　)개의 금이 있단다.

세 번째 보따리에는 (　　)개의 동전을 넣어

두었으니 내가 없는 동안 급할 때 꺼내어 쓰렴.

하나, 둘, 셋!

1-2)-(2)

열 손가락의 비밀

빠르게 뒤집어요

학년 반 번

이름

1. 뒤집기 게임 후 게임 결과를 써 보세요.

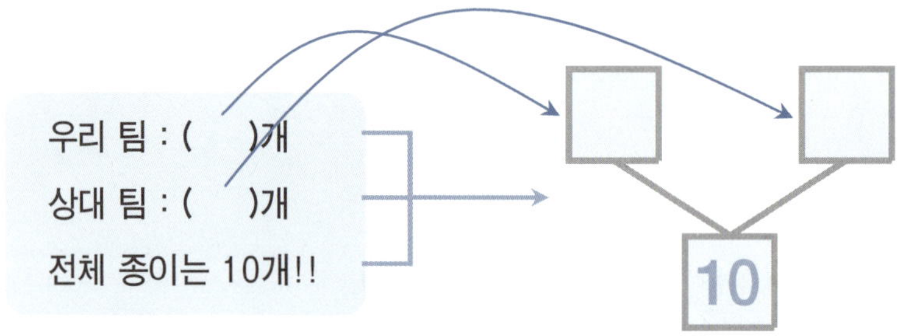

① 첫 번째 게임　② 두 번째 게임　③ 세 번째 게임

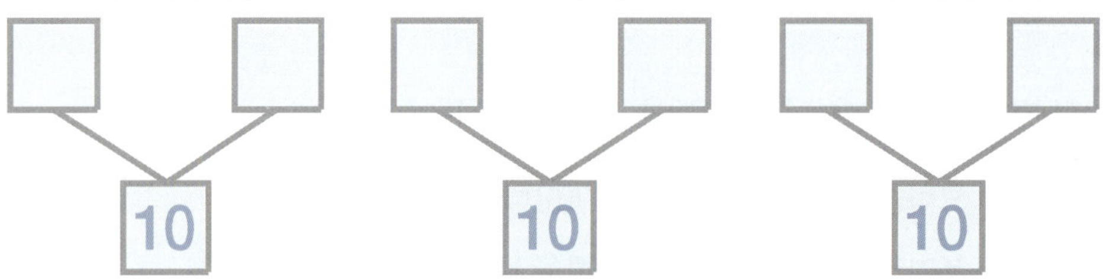

2. 뒤집기 게임에서 나오지 않은 수를 이용하여 10이 되는 두 수를 찾아보세요.

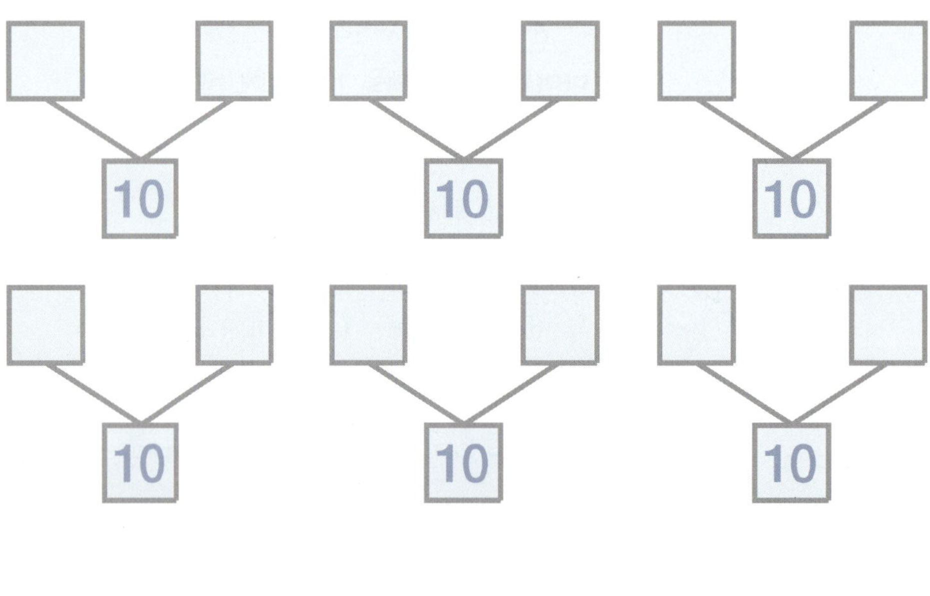

나는 알 수 있어

1-3)-(1)

정확하게 우는 뻐꾸기

학년 반 번

이름

1. 뻐꾸기시계 그림을 보고 뻐꾸기가 몇 번을 울게 되는지 색칠해보세요.

시

시

시

시

1-3)-(2)

나는 알 수 있어

신데렐라는 12시에 가야 해요

학년 반 번

이름

내가 해야 하는 일

1. 설거지하기 (6시)
2. 방청소하기
3. 밥하기
4. 옷 갈아입고 파티 갈 준비하기
5. 파티 즐기기
6. 집에 오기 (12시에 꼭 돌아와야 함)

예시

1. 설거지하기

6 시   분

2. 방청소하기

시   분

3. 밥하기

시   분

4. 옷 갈아입고 파티 갈 준비하기

시   분

5. 파티 즐기기

시   분

6. 집에 오기

시   분

2학년 활동지

1) 내 짝은 어디에?
   2-1)-(2) 찾아라 색깔의 짝

2) 도형아 놀자!
   2-2)-(1) 아기돼지 삼형제
   2-2)-(2) 티셔츠 디자이너

3) 같은 숫자 다른 의미
   2-3)-(1) 멀리 뛰고 재어라!

4) 한 눈에 다 보여요
   2-4)-(1) 한 눈에 다 보여요(게시용, 학생용)

내 짝은 어디에?

2 – 1) – (2)

찾아라! 색깔의 짝

학년 반 번

이름

1. 패턴블록을 층층이 쌓아 탑 모양을 만들어 보세요.

1) 혼자서 만든 탑에 사용된 패턴블록은 각각 몇 개입니까?

	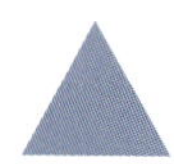	
(　　　)개	(　　　)개	(　　　)개

2) 탑 모양을 모두 만든 후 모둠원이 사용한 패턴블록이 전체 몇 개 인지 세어보세요.

			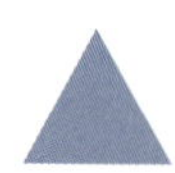		
덧셈식					
곱셈식					
	(　　　)개		(　　　)개		(　　　)개

3) 전체 모둠원이 사용한 패턴블럭의 개수를 세려고 할 때 어떻게 세는 것이 쉽고 빨랐습니까?

2. 패턴블록을 이용하여 재미있는 게임을 해 볼까요?

★ 게임 방법 ★

1. 주사위를 돌려 모둠에서 가장 큰 수가 나온 학생을 찾으세요.
2. 그 학생만 주사위에 나온 수만큼 아래의 그림에 패턴블록을 번호 순서에 따라 올려놓습니다.
3. 한 칸이 다 채워지면 다음 번호로 이동하여 패턴블록을 채웁니다.
4. 번호대로 모든 칸을 다 꽉 채운 사람이 이기게 됩니다.
5. 모든 모둠원이 도형을 모두 채울 때까지 게임을 합니다.

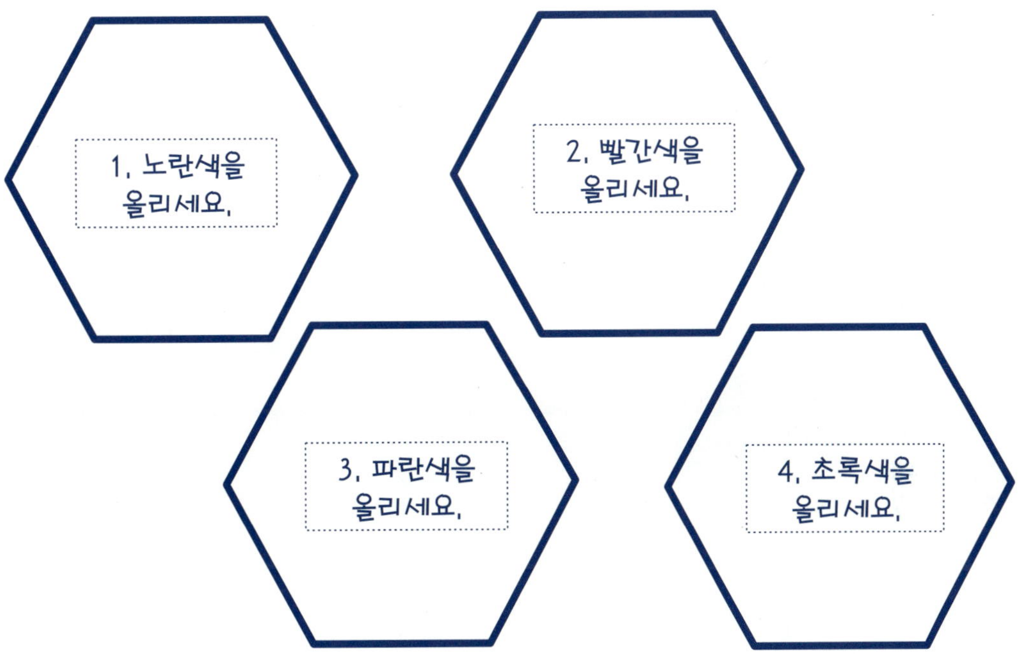

우리 모둠에서 사용한 같은 색의 블록의 개수를 식으로 알아봅시다.

	덧셈식	곱셈식
노란색		
빨간색		
파란색		
초록색		

2－2)－(1)

도형아 놀자!

아기돼지 삼형제

학년 반 번

이름

※ 선생님이 들려준 아기돼지 삼형제 이야기를 생각하며 자신이 가져온 물건을 돼지 삼형제의 벽돌모양과 비슷한 것으로 나누어 보세요.

우리는 이것을 ______ 이라고 부릅니다.

우리는 이것을 ______ 이라고 부릅니다.

우리는 이것을 ______ 이라고 부릅니다.

도형아 놀자!

2-2)-(2)

티셔츠 디자이너

학년 반 번

이름

※ 디자이너가 되어 규칙에 따라 아름다운 티셔츠 무늬를 만들어 보세요.

★ 규칙과 선택 ★

1. 옮기기, 뒤집기, 돌리기 중에서 **하나만** 선택하세요.
   ★내가 선택한 것 → (　　　　　　)
2. 삼각형, 사각형, 원 중에서 사용할 도형을 정하세요.
   ★내가 선택한 것 → (　　　　　　)
   → 모두 사용해도 좋습니다.

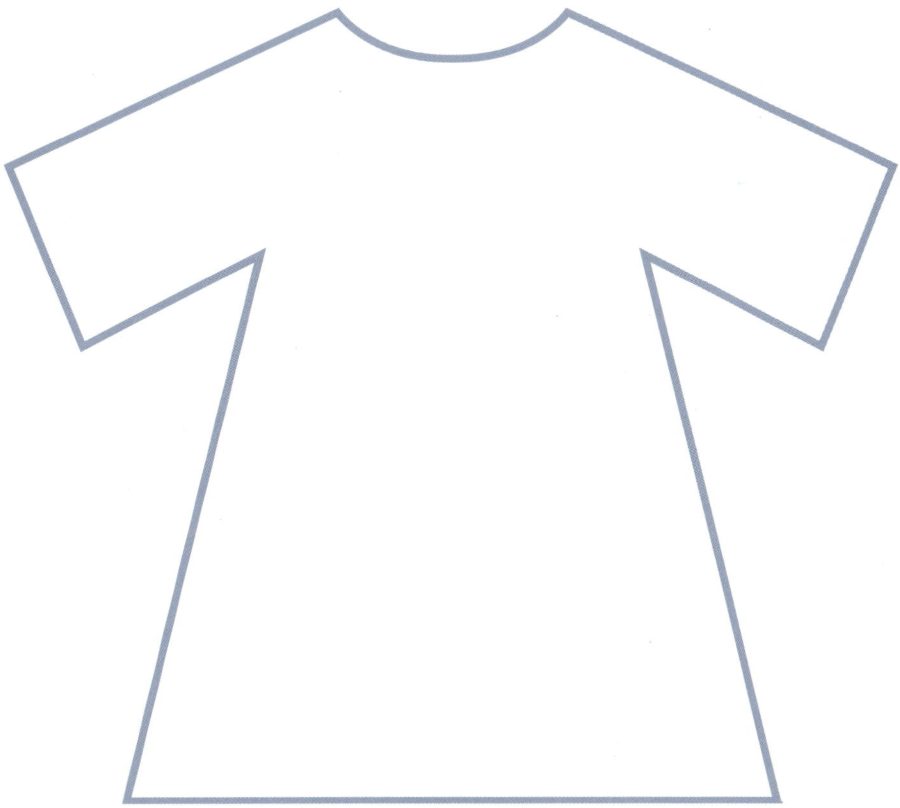

B4종이로 인쇄하여 사용하세요.

같은 숫자 다른 의미

2-3)-(1)

멀리 뛰고 재어라

학년 반 번

이름

1. 멀리 뛰기를 한 후 자신이 잰 거리를 적어 보세요.

뛴 사람				
거리	cm	cm	cm	cm

2. 위에서 한 활동에서 불편한 점이 있었다면 어떤 것이었나요?

3. 100cm를 ( ) 라고 쓰고 ( ) 라고 읽습니다.

4. 다음을 보고 cm를 m와 cm로, m와 cm를 cm로 바꾸어 나타내 보세요.

① 120 cm = ( )m ( )cm

② 370 cm = ( )m ( )cm

③ 2m 40cm = ( )cm

④ 4m 10cm = ( )cm

한 눈에 다 보여요

2-4)-(1)

(게시용) 한 눈에 다 보여요

학년　　반　　번

이름

(플루토로 크게 뽑아 사용 합니다.)

2-4)-(1)

한 눈에 다 보여요

한 눈에 다 보여요

학년 반 번

이름

< 개인 조사표 >

조사할 주제 (   )

이름						

(주제에 맞게 가장 위 칸을 먼저 채우고 친구가 해당하는 것에 동그라미를 그리며 조사활동을 합니다.
표의 칸 수는 더 늘릴 수도 있고 줄일 수도 있습니다.)

조사한 것을 바탕으로 표를 완성하여 봅시다.

조사한 주제 (   )

							계
학생 수							

참고문헌

강미선(2005). 초등수학 놀이 BOOK. 서울: 김영사.

강미선(2005). 개념잡는 초등수학 사전. 서울: 김영사.

교육과학기술부(2009). 초등학교 교사용 지도서 수학 2-1. (주) 두산.

교육과학기술부(2009). 초등학교 교사용 지도서 수학 2-2. (주) 두산.

교육인적자원부(1999). 초등학교 교육과정 해설(IV)-수학, 과학, 실과. 서울: 대한교과서 주식회사.

교육인적자원부(2007). 초등학교 교육과정. 교육인적자원부.

권현직(2007). 재미있는 수학 이야기. 서울: (주)가나출판사.

김경자, 이경진, 유솔아(2005). 초등수학교육과정 개발의 실제. 서울: 교육과학사.

김민경, 홍지연, 김은경(2009). 수학적 모델링 사례 분석을 통한 초등 수학에서의 지도 방안 연구. 한국수학교육학회 학회지 시리즈 A 〈수학교육〉, 48(4), 365-385.

김영숙(2002). 수학체험반 활동자료(중등수학). 셈사랑연구회.

김용성(2000). 문제상황을 기초로 한 수학화 경험이 수학적 신념과 문제 해결력에 미치는 효과. 한국교원대학교 석사학위 논문.

김향숙 외 10명(2007). 문제중심 학습(PBL). 서울: 경문사.

다카하시세이치(2008). 초등인도 수학 1. 서울: 서울문화사.

다카하시세이치(2008). 초등인도 수학 2. 서울: 서울문화사.

루타 라이머, 윌버트 라이머(2007). 수학자도 사람이다 1. 서울: 이론과 실천.

루타 라이머, 윌버트 라이머(2007). 수학자도 사람이다 2. 서울: 이론과 실천.

마릴린 버스(2006). 천재들의 수학. 서울: 키다리.

박경미(2006). 수학콘서트. 서울: 동아시아.

박영훈(2007). 새로 쓰는 초등수학 교과서 시리즈(5권). 서울: 도서출판동녘.

배종수(2002). 생명을 살리는 수학. 서울: 삐에로 수학.

샤르탄 포스키트(1999). 수학이 또 수군수군. 서울: 김영사.

신수현(2007). 수학상점. 서울: 예림당.

안소정(2005). 생각이 확 열리는 생활수학. 서울: 동쪽나라.

안소정(2007). 오딧셈의 수학 대모험 시리즈(4권). 서울: 스콜라

안소정(2008). 꼬물꼬물 수학대모험. 서울: 뜨인돌 어린이.

야콥 펠럴만(2006). 살아있는 수학. 서울: 삐에로 써네스트.

이광연(2008). 수학의 역사. 서울: 살림출판사.

이다미(2008). 비교(단위편). 서울: 부즈펌 출판사.

이명옥(2005). 명화 속 신기한 수학 이야기. 서울: (주)시공사.

이시하라 기요타카(2007). 세상 밖으로 날아간 수학. 경기: 파란자전거.

이화여자대학교 사범대학 부속초등학교(2005). 학교교육과정 1학년. 서울: 학지사.

이화여자대학교 사범대학 부속초등학교(2005). 학교교육과정 2학년. 서울: 학지사.

이화여자대학교 사범대학 부속초등학교(2005). 학교교육과정 3학년. 서울: 학지사.

이화여자대학교 사범대학 부속초등학교(2005). 학교교육과정 4학년. 서울: 학지사.

이화여자대학교 사범대학 부속초등학교(2005). 학교교육과정 5학년. 서울: 학지사.

이화여자대학교 사범대학 부속초등학교(2005). 학교교육과정 6학년. 서울: 학지사.

조성실(2004). 즐거운 수학 시간 만들기. 서울: (주)우리교육.

조연순, 성진숙, 이혜주(2008). 창의성 교육. 서울: 이화여자대학교 출판사.

존 블랙우드(2006). 우리 주변의 수학. 서울: 섬돌 출판사.

죠지 G. 슈피로(2008). 수학의 사생활. 서울: 까치글방.

캐서린 셀드릭 로스(2002). 사각형. 서울: 비룡소.

캐서린 셀드릭 로스(2002). 삼각형. 서울: 비룡소.

캐서린 셀드릭 로스(2002). 원. 서울: 비룡소.

코라 리&길리언 오릴리(2007). 수학대소동. 서울: (주)다산북스.

크리스틴 달(2001). 우리 수학놀이하자. 서울: 김영사.

클라우디아 자슬라브스키(2005). 수학 IQ를 만드는 세계 어린이들의 놀이. 서울: 경문사.

Blitzer, R. (2000). *Thinking Mathematics*. Prentice Hall.

Doerr, H. M., & English, L. D. (2003). A modeling perspective on students' mathematical reasoning about data. *Journal for Research in Mathematics Education, 34*(2), pp.110-136.

Edwards, D., & Hamson, M. (1989). *Guide to mathematical modelling*. Boca Raton, FL: CRC Press.

English, L. D. (2003). Reconciling theory, research, and practice: A models and modelling perspective. *Educational Studies in Mathematics*, *54*, pp.225-248.

Freudenthal H. (1973). Mathematics as an education task. Dordrecht : Reidel

Greeno, J. G. (1991). Number sense as situated knowing in a conceptual domain. *Journal for Research in Mathematics Education*, *22*(3), pp.170-218.

Harcourt School (2006). *Harcourt Science Grade 1*. Harcourt.

Harcourt School (2006). *Harcourt Science Grade 1 Student Edition*. Harcourt.

Harcourt School (2006). *Harcourt Science Grade 2*. Harcourt.

Harcourt School (2006). *Harcourt Science Grade 2 Student Edition*. Harcourt

Harcourt School (2006). *Harcourt Science Grade 3*. Harcourt.

Harcourt School (2006). *Harcourt Science Grade 3 Student Edition*. Harcourt

Harcourt School (2006). *Harcourt Science Grade 4*. Harcourt

Harcourt School (2006). *Harcourt Science Grade 4 Student Edition*. Harcourt.

Harcourt School (2006). *Harcourt Science Grade 5*. Harcourt.

Harcourt School (2006). *Harcourt Science Grade 5 Student Edition*. Harcourt.

Harcourt School (2006). *Harcourt Science Grade 6. Harcourt.*

Harcourt School (2006). *Harcourt Science Grade 6 Student Edition*. Harcourt.

Lappen, G., Fey, J. T., Fitzgerald, W. M., Friel, S. N., & Phillips, E. D. (2004). *Connected Mathematics Grade 6*. Prentice Hall.

Lappen, G., Fey, J. T., Fitzgerald, W. M., Friel, S. N., & Phillips, E. D. (2004). *Connected Mathematics Grade 7*. Prentice Hall.

Lappen, G., Fey, J. T., Fitzgerald, W. M., Friel, S. N., & Phillips, E. D. (2004). *Connected*

Mathematics Grade 8. Prentice Hall.

Lesh, R., & Doerr, H. M. (2000). Symbolizing, communicating, and mathematizing: key components of models and modeling. In P. Cobb et al. (Eds.), *Symbolizing and Communicating in Mathematics Classrooms*. Lawrence Erlbaum Associates, Inc. pp.361-383.

Lesh, R. A., & Lehrer, R. (2003). Models and modelling perspectives on the development of students and teachers. *Mathematical Thinking and Learning*, *5*(2&3), pp.109-130.

National Council of Teachers of Mathematics (2000). *Principles and Standards for School Mathematics*. Reston, VA.

Niss, M. (1989). Aims and scope of application and modelling in mathematics curriculum. In Blum, W., Berry, J. S. et al. (Eds.), *Applications and Modeling in Learning and Teaching Mathematics*. Chichester, UK: Ellis Horwood Limited. pp.22-31.

Polya, G. (1957). *How to solve it: A new aspect of mathematical method*. Garden City: Doubleday.

Skemp, R. (1989). *Structured activities for primary mathematics: How to enjoy real mathematics*. London: Routledge.

찾아보기

김민경

이화여자대학교 수학과 (이학사)
이화여자대학교 교육대학원 수학교육전공 (교육학석사)
미국 Iowa State University Dept. of Curriculum & Instruction (Ph.D)
현재 이화여자대학교 초등교육과 교수

김형은

이화여자대학교 초등교육과 (문학사)
현재 서울영화초등학교 교사

김혜원

이화여자대학교 교육공학과 (문학사) / 초등교육과 (문학사)
이화여자대학교 교육대학원 초등교육전공 (교육학 석사)
현재 이화여자대학교 대학원 초등교육학과 박사과정
현재 서울태랑초등학교 교사

수학 원리 탐구 ABC
- 초등학교 1 & 2학년 -

2009년 12월 15일 초판 인쇄
2009년 12월 24일 초판 발행

저 자 / 김민경 · 김형은 · 김혜원
발행자 / 오판근
발행처 / 교우사

주 소 / 서울 동대문구 제기2동 148-19
전 화 / 925-2861(代), 편집부 / 925-2825
팩 스 / 925-2860
E-mail / kyowoo@kyowoo.co.kr
http://www.kyowoo.co.kr

등록 / 1994. 3. 24 제6-0256호

ISBN 978-89-8172-819-9 (94410)
978-89-8172-818-2 (세트)

값 10,000원

Ⓒ KyoWooSa, 2009.
※ 이 책의 무단전재, 복제를 금합니다.